Heibonsha Library

# スピノザ

## 実践の哲学

G.ドゥルーズ
鈴木雅大訳

Spinoza : Philosophie pratique



平凡社

Heibonsha Library

# スピノザ

Spinoza : Philosophie pratique

平凡社ライブラリー

Gilles Deleuze
*Spinoza: Philosophie pratique*

Heibonsha Library

# スピノザ

Spinoza : Philosophie pratique

実践の哲学

G.ドゥルーズ著
鈴木雅大訳

平凡社

本書は、一九九四年三月、小社より初版刊行の同名の著作を
改訂・増補したものです。

目次

──どうしておまえがスピノザを読む気になったのか、ひとつそのわけから聞くとしよう。スピノザもユダヤ人だったからかね。

──いえ閣下、そうではありません。あの本に出くわしたときには、ユダヤ人だということさえ知りませんでした。それに、伝記をお読みになっていればおわかりでしょうが、シナゴーグではスピノザは嫌われ者も同然です。あの本は近くの町のくず屋で見つけて一コペックで買ったのですが、そのときは、あんなに稼ぐのに苦労した金をむだづかいしてしまってと半分後悔していました。しばらくたってからぱらぱら読んでみているうちに、急にまるでつむじ風にでも吹かれたようになって、そのまま読みつづけてしまったのです。さっきも申しましたように、私には全部理解できたわけではありません。でも、あんな思想にぶつかったら、誰だって魔女のほうきに乗っかったような気になります。あれを読んでからの私は、もうそれまでの私とは同じ人間ではありませんでした……

──あのスピノザの本の意味はどこにあると思うか、よければおまえの考えを聞かせてもらえないか。それともこう言った方がいいかな。哲学だとすれば、何がこの哲学は言いたいのだろう……

——むずかしいご質問です……。その章その章で、いろいろとりあげていることも違いますし、おおもとではひとつにつながっていても、意味はいろいろあると思います。でも、とくにどういう意味があるかというなら、それはスピノザは自分を自由な人間にしたかったということではないかと思います。できるかぎり自由に——といってもスピノザの哲学でいう〈自由〉です、わかっていただけるかと思いますが——、それも、とことん考え抜いて、すべてのことを結び合わせて、そうしようとしたのだと。こんなわけのわからないことを申しあげて、閣下におゆるし願えればの話ですが。

——そういうふうに考えてみるのも、わるくはあるまい。その書いたものより、書いた人間の方から考えてみるというのも。しかし……

マラマッド『修理屋』〔橋本福夫訳、早川書房、一九六九年、九八—九九頁〕

# 第一章　スピノザの生涯

ニーチェは、自身も身をもってその秘密を生きただけに、哲学者の生に秘められた謎をよく見抜いていた。哲学者が禁欲的な徳――謙虚・清貧・貞潔――をわがものとするのは、およそ特殊な、途方もない、じつのところ禁欲とはほど遠い目的にそれを役立てるためなのだ。[*1] 哲学者はそれを、彼個人の、おのれ一個の特異性の表現とするのである。それは彼にとっては道徳的な目的でもなければ、別の世〔あの世〕のための宗教的手段でもない。いうならば「結果」、哲学そのものがもたらす結果である。そもそも別の世など、哲学者にありはしないからだ。謙虚も清貧も貞潔も、いまや〔生の縮減、自己抑制であるどころか〕ことのほか豊かな、過剰なまでの生、思惟そのものをとりこにし他のいっさいの本能を従わせてしまうほど強力な生、の結果となるのであり、そのような生をスピノザは〈自然〉と呼んだのだった。スピノザのいう〈自然〉とは、必要〔需要〕から出発してそのための手段や目的に応じて生きられる生ではなく、生産から、生産力から、持てる力能から出発して、その原因や結果に応じて生きられる生のことである。謙虚も清貧も貞潔も、まさにみずからが〈大いなる生者〉として生き、われとわが身を、あまりにも誇らかな、あまりにも豊饒な、あまりにも官能的な原因のための一神殿と化す、彼（哲学者）一流のやり方だったのだ。この哲学者を攻撃しようにも、慎ましく清貧で貞潔なうわべを攻撃してひとびとは自分が恥をかき、いたずらに憤激をつのらせるほかはなかった。また彼自身も、攻撃の嵐にさらされながら乗じられる隙をまったく与えなかったのである。

　ここに哲学者の孤独もその完全な意味を得る。というのも彼は、どんな環境にも取り込まれることができないし、歓迎されることもないからだ。彼が生きる、というかむしろ生きのびる最善の条件を見いだすのは、おそらく民主的で自由主義的な環境だろう。だがそうした最善の環境ですら、彼にとっては、悪しき人々によってこの生が毒され、だいなしにされたり、生が思惟の力能から切り離されたりしてしまわぬようにするための保証を与えるものでしかない。思惟の力能は、一国家や一社会の目的を超え、あらゆる環境の枠を超えてもう少し先まで届いている。スピノザが明らかにしてみせるように、どんな社会でもそのかなめとされているのは服従であり、それ以外のなにものでもない。あやまちや功罪、善悪といった観念がもっぱら社会的なものであり、服従や不服従にかかわっているのもそのためだ。したがって最善の社会とは、思惟の力能に服従の義務を負わせず、それを国家の規範に従わせることは社会自身の利益のために差し控えて、ただ行動に関してのみ規範への遵守をもとめるような、そんな社会だろう。思惟の自由が保たれ、その活力が失われないかぎり危険はなにもないが、それが奪われるようなことになれば、他のどんな抑圧が起きてももはや不思議ではないし、またすでにそれは現実のものとなってもいよう。どんな行動をとってもいまや有罪とされるおそれがあり、全生活が脅威にさらされるからである。この哲学者が、民主主義の国家や自由主義的な環境のうちに最も好ましい生存条件を見いだしていたことはまちがいない。だがどんな場合にも、彼は自身の目的と一国家や環境が目的としているものとを混同しなかった。彼は思惟のうちに、あやまちはもちろん服従そのものからものがれてしまうような力をもとめ、善悪のかなたにある、賞罰・功罪とは無縁のまったく無垢な生のイメージをかかげていたからである。その暮らす国家、出入りする環境はさまざまに異なっても、哲学者は、いわば隠者として、影として、漂泊者として、家具付き下宿の間借り人として、そこに生きているにすぎない。だから、スピノザがユダヤ的な〈閉鎖的〉環境に訣別して、キリスト教リベラル、デカルト主義、デ・ウィット兄弟支持の新興ブルジョアジー……等々の自由主義的な開放的環境にはいっていったなどという考え方は捨てなければならないのだ。どこに行こうと、彼はただおのれ自身とその尋常ならざる目的とが寛大に許容されることをもとめ、公算はともあれ、ただひたすらそれを要求したにすぎないからである。その寛容さの度合によって彼は、ある社会がどれほど民主主義に堪え、真理に堪えうるかを、あるいは逆にどれほどの危険がひとびとすべてを脅かしているかを、判断したのだった。

バルーフ・デ・スピノザは、一六三二年、アムステルダムのユダヤ人居住地区で、スペインないしポルトガル系の富裕な商人の家に生まれた。ユダヤ人学校で神学や商業を学び、一三の歳から、その後も勉学を続けながら父の商館で働いた（一六五四年に父が死んでから、一六五六年まで彼は義兄とともに商館の経営にたずさわっている）。やがて彼をこのユダヤ人社会からも家業からも訣別させ、一六五六年のユダヤ教会破門にまで彼を導いた哲学的回心は、どのようにして起こったのだろう。この回心はにわかに彼をおとずれたわけではない。私たちがここで考えちがいしてはならないのは、この当時のアムステルダムのユダヤ人社会がけっして一枚岩の同質的なものではなかったということだ。当時のキリスト教世界に優るとも劣らないほど多様であり、さまざまな利害やイデオロギーにいろどられていたのである。このユダヤ人共同体は大半が元のマラーノ、つまりスペインやポルトガルでそれまで〔改宗を強いられて」おもてむきはカトリックの教えに従ってきたが、十六世紀の末に亡命を余儀なくされたユダヤ教徒によって構成されていた。誠実にユダヤ教の信仰を堅持してはいても、彼らには哲学や科学、医学の教養が深く浸み込んでおり、これは伝統的なラビのユダヤ教とそれほど簡単に両立するものではなかった。スピノザの父自身も懐疑派のひとりだったらしいが、それでもシナゴーグやこのユダヤ人共同体では重きをなしていた。当時のアムステルダムには、こうしたラビやユダヤ教的伝統の役割に対してばかりではなく、さらにすすんで聖書そのものの意味に疑問をもつひとびとがいた。ウリエル・ダ・コスタは、一六四七年、霊魂の不滅と啓示による法〔神の法〕を否認して自然の法しか認めなかったかどで有罪の宣告を受け、のちに自殺している。またとくに、ユアン・デ・プラドーは、「霊魂は肉体とともに死ぬ」、「神はたんに哲学的にいって存在しているにすぎない」、「信仰は無益である」と主張したかどで告発されて、一六五六年、悔悛を強いられ、ついで破門されている。[*2] 近年公刊された資料によって、スピノザとプラドーのあいだには密接なつながりがあったことが立証されており、この二人のケースは結びついていたとも考えられる。スピノザの方がより厳しい断罪を受け、一六五六年からすでに破門追放の身となったのは、彼が悔悛を拒絶し、自身の側からも訣別をもとめたからであった。ラビたちの側では、他の多くのケースと同様に和解の成立をのぞんでいたらしい。しかしスピノザは悔悛を受けいれず、のちの『神学・政治論』の前身ともいうべき『シナゴーグ離脱の弁明書』を書いて自身の弁明とした。スピノザが当のアムステルダムの地で、ユダヤ人社会の子として生まれたことが、彼の立場をいっそう困難なものとしたにちがいない。アムステルダムで彼が生きてゆくことはむずかしくなった。たぶん狂信者による暗殺未遂事件があってからだろう、彼は哲学の研究を続けるためにレイデン〔ライデン〕に移り、その郊外のレインスビュルフに身を落ち着けた。スピノザは、思想が必ずしもひとびとに好まれないことを肝に銘じておくために、短刀で突かれて穴のあいたそのマントを手放さなかったという。哲学者が裁判でその生涯を終えることはけっしてまれではないが、破門と暗殺未遂をもって開始するというのはそうそうあることではない。

スピノザのこの訣別は、その理由を自由主義的なキリスト教徒たちからの影響にもとめなければならないと考え、いわば外からこれを説明しようとすれば、そうしたユダヤ人社会内部の多様性や、そこから哲学者が生まれたその生成の経緯を、十分認識できずに終わってしまうことだろう。なるほど彼はすでにアムステルダムで、父の存命中からファン・デン・エンデンの学校で講義を受けてはいた。この当時、多くのユダヤ人子弟が通い、ラテン語とデカルト的な哲学や科学の初歩、数学や物理学を学んでいた学校である。旧イエズス会士ファン・デン・エンデンは、デカルト主義者というだけでなく、自由思想家で無神論者であり、政治的煽動者でさえあるとの評判をつとに得ている人物だった（のちに彼は騎士ド・ロアンの反乱のあと、一六七四年にフランスで処刑されている）。[*3] スピノザが、自由主義的で反教権的なキリスト教徒たち——ある種の汎神論や平和主義的共産主義の精神に鼓吹されていたコレギアント派やメノー派と呼ばれるひとびと——とつきあっていたことも確かだろう。彼らの本拠地の一つだったレインスビュルフの地で、スピノザは旧交を温めることになる。彼はヤーリヒ・イェレス、ピーテル・バリング、シモン・デ・フリース、「進歩的」な書店経営者ヤン・リーウェルツらと親交を結んだ（一六六五年のオルデンブルク宛書簡には平和主義が、一六七一年のイェレス宛書簡には共有財産制のテーマがみえている）。けれども、ファン・デン・エンデンは、当時のオランダでカトリックを信奉することがどれほど困難だったにせよ、どこまでもカトリックの一形態にとどまっていたと思われる。メノー派やコレギアント派の哲学についていえば、宗教批判においても、倫理のとらえ方や政治への配慮においても、スピノザの哲学は彼らのそれをはるかに超えるものであった。私たちはこのスピノザの訣別の原因を、メノー派のひとびとやデカルト主義者たちからの影響にもとめるよりは、おのずから彼が、最も寛容で最もよく破門者を受けいれうる環境の方へ向かったのだと考えよう。彼はキリスト教も、自身がそこから出たユダヤ教をも拒否したユダヤ人であり、その訣別の原因は他の誰でもない、彼自身にもとめなければならないのだ。

ユダヤ教会の破門はさまざまな意味をもち、そこには政治的・経済的な意味あいも含まれていた。この措置はかなり頻繁にとられたが、撤回されることもしばしばだった。国家的権力をもたなかったこのユダヤ人共同体の有力者たちは、共同体財政の分担金負担義務や政治的正統性に従わない者たちに対してさえも、その制裁には破門をもってのぞむしかなかったのである。ところでこのユダヤ人共同体の有力者たちは、〔スペイン（カトリック）の支配からオランダを独立させる立役者となった〕カルヴァン派プロテスタントに優るとも劣らぬほど強い憎しみをそのままスペイン・ポルトガルに対して持ちつづけており、政治的にはオランイェ家と結びついて、東インド会社にも出資していた（スピノザの師のひとりだったラビのマナセ・ベン・イスラエルも、一六四〇年、東インド会社批判のかどであやうく破門されそうになった。スピノザを裁いた評議会のメンバーも、オランイェ派、親カルヴァン派、反スペイン派のひとびとで、大部分が東インド会社の株主だった）。スピノザは自由主義者たちと親交を結び、大独占資本の解体を訴えていたヤン・デ・ウィットの共和派に共感を寄せていたが、そうしたすべてが背景となって彼は反逆者とされたのである。だからスピノザはこの宗教的環境と訣別すると同時に、経済的にもそれと手を切って家業を捨てたのだった。彼はレンズ磨きを学び、職人となる。技能を手にし、光学の法則をめぐる学問的進展にもついてゆける職人哲学者となったのである。彼は素描もした。スピノザの古い伝記作者コレルスは、ナポリの革命家マザニエッロに扮した自画像を彼が描いたと伝えている。[*4]

レインスビュルフで、スピノザは友人たちを相手にラテン語で、のちに『短論文』となる所説を講じた。彼らはノートをとり、イェレスがそれをオランダ語に訳したが、ある程度はスピノザ自身もすでに書いてあったものを口述したのだろう。一六六一年頃、彼は『知性改善論』を執筆している。富のむなしさに対する告発を軸とした、メノー派風の一種の精神修行に通じる著作である。この『知性改善論』はスピノザ的方法をよく示すみごとな論文だったが、未完に終わった。一六六三年頃スピノザは、当時彼のもとに同居していた、みどころもあるが厄介でもあったひとりの若者のために『デカルトの哲学原理』を書き、スコラ的諸概念の批判的検討（『形而上学的思想』）を付録としてそれにつけた。リーウェルツがそれを本として出版し、イェレスがその費用を提供し、のちにバリングがそれをオランダ語に訳した。アムステルダムの医者・詩人で、新演劇の組織者でもあったローデウェイク・マイエルがその序文を書いている。スピノザの「教師的」著作は、この『デカルトの哲学原理』までで終わる。おのれの発見したことをひとに教えたい、研究会をもって私的に精神指導をしてみたいという、いっときの誘惑をまぬがれる思想家はほとんどいない。だが、一六六一年から計画し執筆に取りかかった『エチカ』の仕事は、スピノザを別の次元、別の領域に移行させた。後述するようにこれはもう、たとえ方法的でも「講釈」の域のものではありえない。おそらくそのためだろう、スピノザは『知性改善論』を未完のままのこし、その後も書き改める意図は持ちながら、ついに再び取りあげずに終わった。[*5] 教師も同然だった時期も、スピノザはけっしてデカルト主義者ではなかったと思われる。すでに『短論文』でも、スコラ哲学やユダヤ的思想、ルネサンス的思想をただ一掃するのではなしに、それらすべてをふるいにかけ、そこからまったく新しいスピノザ独自のものを引き出すための手段としてデカルト哲学を利用するという考え方がはっきり示されている。『デカルトの哲学原理』という解説論文と『形而上学的思想』のあいだの複雑な関係は、デカルト哲学をふるいとしながら、旧来のスコラ哲学はもちろん当のデカルト哲学とももはやなんの関係もない、驚くべき新たなスコラ学がそこから導き出される、そうした二重のはたらきをそのまま物語っている。デカルト主義はけっしてスピノザの思想とはならなかった。いうならばレトリックであり、彼はデカルト哲学を自身に必要なレトリックとして利用したのだった。しかしそうしたすべてが決定的なかたちをとって現れるには、『エチカ』の登場をまたなければならない。

一六六三年、スピノザはデン・ハーフ〔ハーグ〕郊外のフォールスビュルフに居を移し、のちに今度は首都デン・ハーフに移り住んでいる。スピノザが漂泊者であるということは、その遍歴した距離の長さによるのではない。彼が、家具付き下宿になじんでそれを苦にせず、父の遺産相続を放棄してからは財産も土地も何ひとつ執着するものを持たなかったからである。彼は『エチカ』を書きつづける。すでに一六六一年から、友人たちのあいだではその第一部のテーマがよく知られていたことが、スピノザ自身や友人たちの手紙からうかがわれる。一六六三年には、スピノザから送られてくるテクストをみんなで読み、それについて意見を交わす講読会《コレギエン》の話をシモン・デ・フリースが伝えている。だがスピノザは、友人たちのグループを信頼しながらも、同時に彼らに、その思想を秘密にしておいてくれるよう、外部の人間に対しては、のちに（一六七五年）ライプニッツに対してみずからもそうしたように、くれぐれも用心するよう頼んでいる。彼がデン・ハーフの近くに居を定めたのは、おそらく政治的な理由があってのことだろう。活動的な自由主義的環境に接近し、コレギアント・グループの政治的無関心から脱するには、彼は首都の近くに身を置く必要があったのだ。カルヴァン派と共和派の二大党派のあいだで、当時のオランダの状況は次のようなものだった。カルヴァン派は、依然として独立闘争を題目に戦争政策を主張し、オランイェ家の政治的野心や中央集権国家の形成と結びついていた。これに対して、共和派は平和政策を主張し、〔連邦各州の自治にもとづく〕地方分権体制や自由主義的経済の発展と結びついていた。ヤン・デ・ウィットは、君主制による感情まかせの好戦的な国家経営に反対して、自然的かつ幾何学的な方法にもとづいた共和制による国家経営を唱えている。ところが、ここで不思議とも思われるのは、なおも民衆はカルヴァン派やオランイェ家を支持し、不寛容や好戦的な題目を支持しつづけていることだった。一六五三年以来、ヤン・デ・ウィットは〔寡頭共和制の指導者として連邦共和国最高の要職たる〕ホラント州法律顧問の地位にあった。しかしこの共和制も、民衆がそれを望んだというより、王を欠いていたために〔第一次「総督」不在時代〕はからずも、たまたま生まれた共和制であり、民衆には受けいれられていなかった。スピノザは革命の有害性を説いているが、その場合も、クロムウェルのそれが抱かせた幻滅や、当時オランイェ家が起こしかねなかったクーデターの不安が念頭に置かれていたことを忘れてはならない。「革命」のイデオロギーは、当時は神学に染まっており、このカルヴァン派の場合のように往々にして政治的反動に奉仕するものだったのだ。

こうした状況を考えれば、一六六五年、スピノザが『エチカ』を一時中断して『神学・政治論』の執筆に取りかかったのも驚くにはあたらない。『神学・政治論』の中心に据えられた問題のひとつは、なぜ民衆はこんなにも頑迷で理を悟ることができないのだろう、なぜ彼らは自身の隷属を誇りとするのだろう、なぜひとびとは隷属こそが自由であるかのように自身の隷属を「もとめて」闘うのだろう、なぜ自由をたんに勝ち取るだけでなくそれを担うことがこれほどむずかしいのだろう、なぜ宗教は愛と喜びをよりどころとしながら、戦争や不寛容、悪意、憎しみ、悲しみ、悔恨の念をあおりたてるのだろう――ということだった。『神学・政治論』は、一六七〇年、匿名で発行元をドイツと偽って出版される。しかしその著者の名はたちまち突きとめられた。これほど激しい反駁や排斥を買い、罵られ、呪われた書物はあまりない。ユダヤ教徒もカトリックも、カルヴァン派やルター派のひとびとも、すべての保守穏健派のひとびとや当のデカルト主義者たちさえも、競いあってこの告発の輪に加わった。「スピノザ主義」とか「スピノザ的な」といった表現が、ひとを侮辱することば、威すことばになったのもこのときからである。スピノザの批判者たちですら、批判の厳しさが足りないとにらまれるや告発されるありさまだった。じっさい、そうした批判者たちのなかには困惑した自由主義者やデカルト主義者もいただろうが、彼らもこの攻撃に加わることによって、自身の正統性のあかしとしたのである。爆弾的な書物は、いつまでもその起爆力を失わない。今日なお『神学・政治論』は、迷蒙を根底から打破しようとする企てとしての、「結果=効果」の学としての哲学の機能を、読む者に発見させずにはおかない。つい先頃のある注釈者も、この『神学・政治論』の真の独創性は、宗教を一個の結果=効果として考察した点にあると述べることができた。[*6] たんに因果関係という意味でのそればかりではなしに、光学でいう効果という意味での結果として、宗教をとらえることである。結果あるいは効果にはそれが産み出される過程があり、合理的な原因が必ずある。そうした原因がそれを理解しないひとびとのうえにはたらいて効果を産み出す過程を（たとえば、どのようにして自然の法則が、想像力旺盛で理性的判断力にとぼしいひとびとによって「〈超自然的な〉しるし」として解されることになるかを）、その原因からとらえなおし、究明しなければならないのだ。宗教を相手にしても、スピノザはレンズを——産み出される効果とその効果を産み出す法則とを明かしてくれる思惟のレンズを磨いたのだった。

　スピノザが、もっと明確なかたちをとった不安に身辺を脅かされずにすんだのは、彼が共和派とつながりをもち、たぶんデ・ウィットによって庇護されていたからである（すでに一六六九年には、一哲学的辞典の著者で、そのスピノザ的思想を告発され逮捕されていたクールバハが、獄死している）。しかしスピノザも、牧師たちの攻撃で郊外で暮らすことは困難になり、そこを去ってデン・ハーフに移らなければならなくなった。しかも、何よりもまず沈黙をその代償としなければならなかった。ネーデルラントは戦争状態にはいっていたのだ。一六七二年にデ・ウィット兄弟が暗殺され、オランイェ派が再び権力を握ったときには、スピノザにとって『エチカ』を出版することなどもはや問題ともなりえなかった。一六七五年、アムステルダムで彼はほんのしばらくそれを試みただけで、たちまちその不可能を悟らされた。「何人かの神学者たちが、この機をとらえて私をオランイェ公のもとや当局に告訴しようとしました。そればかりではありません。愚かなデカルト主義者の連中も、私に好意的ではないかというその嫌疑をかわそうとして、この私の意見や著作に対してしきりに、ことあるごとに誹謗をくりかえしています」[*7]。スピノザにとって〔当時のヨーロッパで最も自由で寛容だった〕この国を離れることは、問題外だった。しかし、しだいに彼の孤独は深まり、病も重くなっていった。そこでなら平穏に暮らせるような場所は、彼にはひとつもなかったのだ。だがそれでも彼は、『エチカ』のことを知りたいと願う見識あるひとびとの訪問を拒まなかった。彼らがやがて批判者の列に加わることになろうと、あるいはそうした自身の訪問そのものを（一六七六年のライプニッツのように）否認しさえするにいたろうと、それも覚悟のうえで。一六七三年、プファルツ選帝侯から招聘を受けたハイデルベルク大学の哲学正教授の職も、彼の心を惹くことはできなかった。スピノザは、既成の価値観念を転倒し、ハンマーをもって哲学をするあの「在野の思想家」の系譜に属し、「講壇哲学者」(ライプニッツの讃辞にしたがえば、体制的な感情や公序良俗をそこなわないひとびと)に属してはいなかったのだ。「私はいまだかつて公的な教職に就きたいと思ったことがありませんでしたので、ひさしく熟考をかさねましたものの、お与えいただいたこの栄誉ある機会を拝受する決心がつきませんでした」[*8]。いまやスピノザの思索は、当時の情勢の最も新しい局面で起きてきた問題に向けられていた。〔当時のオランダのような〕商業都市の市民社会において貴族制はどれほど成功の見込みがあるのだろう。なぜ自由主義的共和制は挫折したのだろう。民主制の失敗の原因はどこにあるのだろう。多数者をもって、奴隷的大衆ではなしに自由なひとびとの集団とすることが、はたしてできるだろうか。そうしたすべての問いに突き動かされて彼は『国家論』を執筆したが、この著作は未完に終わった。いみじくもその筆は民主制の章の初めまで書きすすめられたところで止まっている。一六七七年二月、おそらく肺結核がもとでスピノザは死んだ。友人マイエルがその死をみとり、彼の草稿を運び出した。早くもこの年の末には『遺稿集』が匿名の寄金を得て刊行されている。

このつましい、無一物で、病にも蝕まれていた生が、この華奢でひ弱な体が、この輝く黒い眼をした卵形の浅黒い顔が、どうしてこれほど大いなる生の活気に満ち、生そのものの力を体現している印象を与えるのだろう。どのようなかたちで生きようと、また思惟しようと、つねにスピノザは積極的・肯定的な生のイメージをかかげ、ひとびとがただ甘んじて生きている見せかけだけの生に反対しつづけた。彼らはたんにそれに甘んじているというにとどまらない。生を憎悪する人間、生を恥じている人間、死の礼讃をはびこらせる自己破壊的な人間がそこにはいて、圧制者・奴隷・聖職者・裁判官・軍人の神聖同盟をかたちづくり、たえずこの生を追いつめては、それをさいなみ、じわじわとなぶり殺しにかかり、法や掟、所有権、義務、威権をもってそれを塗り込めよう、窒息させようとしている。まさしく世界におけるそうした徴候をこそ、そうした全自然や人間そのものに対する裏切りをこそ、スピノザは診断したのだった。彼の伝記作者コレルスは、スピノザはクモをたたかわせることが好きだったと伝えている。「彼はよくクモをつかまえてきて合戦をさせたり、ハエをつかまえてきてクモの巣に放ち、その勝負を大喜びで、ときには笑い声さえあげながら、ながめたものだった」[*9]。そうした動物たちは、少なくとも死がどこまでも外在的なものであることをこの私たちに教えてくれる。そのたたかいをとおしてどちらかが必然的に死ななければならないとしても、彼らは死を自身のうちにたずさえているわけではない。死は、自然的存在の次元では、不可避の悪しき出会いとして彼らをおとずれるからである。彼ら動物はまだ、あの私たち人間を蝕むうちなる死〔自死、自己破壊〕も、隷属者＝圧制者のあいだにひろがるあの加虐的・被虐的嗜好も、発明してはいない。のちにヘーゲルはスピノザが否定的なものを知らず、その力を知らなかったと非難しているが、それこそはスピノザの栄誉、無垢のあかしであり、まさしく彼が発見したものだったのだ。彼は、否定的なものに蝕まれたこの世界のなかで、そうした死やひとびとの殺戮衝動を、善悪・正邪の規範それ自体を疑問とするに足るだけの十分な信頼を生そのものに対して、生のもつ力に対していだいていた。そこに跳梁するいっさいの否定的なものの幻影をあばいてしまうほど、十分な信頼を生に対していだいていたのである。破門、戦争、圧制、反動、それが自由であるかのようにみずからの隷属をもとめて闘うひとびと、まさにそうした否定的なもののかたちづくる世界にスピノザは生きていた。デ・ウィット兄弟の虐殺は、文字どおり彼にとってそれを象徴するような出来事だった。汝ら卑劣きわまる野蛮人（ultimi barbarorum）〔殺害現場にスピノザが告示しようとした檄の一句〕。それがどのようなものであろうと、生を辱め、破壊するすべての行為やふるまいには、すべての否定的なものには、その流れがひとつは外に向かい、ひとつは内に向かう、二つの源があると彼は考える。怨恨とやましさ、憎しみと罪責感である。「人類の根源的な二つの敵、憎しみと後悔」[*10]。この二つの源泉は人間的意識のあり方に深く根ざしており、新たな意識なしには、世界の新たなとらえ方、生への新たな欲望のあり方なしには、それを根絶しえないことを、徹底して彼はあばき、示しつづけた。スピノザは自身の感覚、実験をとおして、身をもって自身が永遠であることを確かめたのだった。

スピノザにとって生は観念ではない。理論の問題でもない。それは一個のありようそのもの、すべての属性において同一の、ひとつの永遠な様態なのである。そうした視点に立ってはじめて、幾何学的方法もその完全な意味を得る。この方法は『エチカ』でスピノザが風刺〔嘲笑的態度〕と呼ぶものと、まさに対極をなしている。風刺とは、およそひとびとの無力や苦悩になぐさみのたねを見いだすもの、軽蔑や嘲弄をこととするもの、非難や悪意、侮蔑、おとしめの念によってつちかわれるもの、ひとびとの心を打ちくじいてしまうものすべてのことである（圧制者はひとびとのくじけた心を必要とし、心くじけたひとびと〔隷属者〕は圧制者を必要とする）。幾何学的方法は、もはやたんなる知的解説ではない。講釈ではなく、創意工夫の方法なのだ。生そのものを光学的に矯正してゆく方法となるのである。人間がいわばねじれておかしくなっているのなら、このねじれという効果＝結果は、それをその原因から幾何学的に（more geometrico）とらえなおすことによって矯正されることだろう。そうした光学的幾何学が『エチカ』全篇をつらぬいている。これまで『エチカ』は、思惟のことばで――思惟のうえの展開として――読まれるべきか、それとも力能のうえの展開として読まれるべきか（たとえば「属性」は力能なのか、それとも概念なのか）が問題とされてきた。じっさいはただひとつ、〈生〉ということばがそこにはあるだけだ。生は思惟を包括するが、反対にまた思惟によってしか包括〔＝把握〕されないからである。これは、生が思惟のうちにあるということではない。ただ思惟する者のみが、罪責感も憎しみも知らない、高い力能の生をかちえ、ただ生のみが、思惟する者を開展〔＝説明〕するということなのだ。幾何学的方法と、レンズ磨きの職業と、スピノザ自身の生と――この三つはひとつの全体として理解されなければならない。スピノザはあの大いなる見者にして生者のひとりに属しているからだ。まさに彼は論証さえ「精神の眼」で見ることだと語っている。[*11] いっさいの虚妄や情念、死を超えてその彼方にある生を透視させる、いわば第三の眼のことである。そのような視力を獲得するためにこそ、謙虚・清貧・貞潔・質素といった徳は必要とされるのだ。もはや生を殺す〔禁欲的な〕徳ではない。生そのものにくみし、生を洞察する力能と化した徳である。スピノザは、希望も、勇気さえも信じていなかった。彼は喜びしか、洞察する視力しか信じなかった。他のひとびとが彼の生き方にかまわないでさえいてくれれば、彼らの生き方にはかまわなかった。ただ霊感を与え、目を覚めさせ、ものが視えるようにさせること、それしか彼はのぞまなかった。第三の眼としての論証の目的は、命令することでも説得することでさえもなく、どこまでもただそうした霊感に導かれた自由な視力のための望遠鏡をつくる、というかレンズを磨くことだけだった。「思うに芸術家も学者も哲学者たちも、みんなあくせくとレンズ磨きに精を出しているのではなかろうか。それらすべては、いまだかつて起こらない出来事のための果てしない準備でしかない。いつの日かレンズは完成されるだろう。そして、その日にこそ私たち誰の眼にもはっきりと、この世界の驚愕すべき尋常ならざる美しさが見てとれることだろう……」（ヘンリー・ミラー）。

# 第二章　道徳《モラル》と生態《エチカ》の倫理のちがいについて

これほど哲学者と呼ばれるに値する哲学者もいなかったが、またこれほど罵られ憎悪された哲学者もいなかった。その理由を理解するには、スピノザ哲学の大きな理論的テーゼ——すなわち、実体はただひとつであり、それが無限に多くの属性をもつのだということ、神とはこの自然そのものであり（神すなわち自然〔Deus sive Natura〕）、いっさいの「被造物」〔森羅万象〕はそうした属性のとるさまざまな様態、すなわちこの実体の様態的変様にすぎないのだということ——を想起するだけでは十分ではない。いかにこのテーゼにおいて汎神論と無神論とが結合し、道徳的な神、創造者、超越者としての神の存在が否定されているかを示すだけでは十分ではない。むしろ、スピノザ哲学がそれゆえにスキャンダルを引き起こした一連の実践的テーゼから出発しなければならない。この一連のテーゼは、「意識」、「価値観念」、「悲しみの受動的感情」に対する三重の告発を含んでいる。これはニーチェとの大きな類似を示す三点でもある。じっさいそのためにスピノザは、すでにその生前から、唯物論者、反道徳者、無神論者として弾劾されていたのだった。

## Ⅰ　意識に対する評価の切り下げ（〔意識本位ではなしに〕思惟を評価するために）——唯物論者スピノザ

スピノザは哲学者たちに〈身体〉という新しいモデルを提案する。身体をモデルに据えてみたまえ、「ひとは身体が何をなしうるかを知らないのだ……」と。無知を告げるこの断言には挑発が含まれている。私たちは意識やそれがくだす決定について、意志やそれがもたらす結果について語り、身体を動かす方法や、身体や情念〔受動的情動〕を制する方法については無数の議論をかさねながら——そのじつ身体が何をなしうるかは知りもしていない。[*1] 知らないから私たちはおしゃべりをくりかえしている。のちにニーチェもいうように、ひとは意識を前にして驚嘆しているが、「身体こそ、それよりはるかに驚くべきものなのだ……」。

けれども、スピノザの最も有名な理論的テーゼのひとつは、一般には心身並行論の名で知られている。このテーゼは、たんに精神と身体のあいだのいっさいの実在的な関係を否定するところに成り立っているのではない。同時にこの両者の一方の他に対するいっさいの優越を禁じているのである。スピノザが、身体に対する心のいかなる優位も認めなかったのは、心に対する身体の優位をうちたてるためではない。その方がより理解に適っているというものでもないだろう。この心身並行論の実践的な意義は、意識によって情念〔心の受動〕を制しようとする〈道徳的倫理観《モラル》〉がこれまでその根拠としてきた原理を、それがくつがえしてしまうところに現れる。身体が能動的にはたらけば心は受動にまわり、反対に心が能動に立てば今度は身体がはたらきを受けずにはおかない、とこれまではいわれてきたのだった（心身の逆比的相関の原則——デカルト『情念論』一および二条を参照せよ）。『エチカ』によれば、そうではなく、心における能動は必然的に身体においても能動であり、身体における受動は心においても必然的に受動なのである。[*2] 心身両系列のあいだには一方の他に対するいかなる優越も存在しない。だとすれば、身体をモデルにとりたまえというスピノザは、それによって何を言おうとしているのだろう。

　それは、身体は私たちがそれについてもつ認識を超えており、同時に思惟もまた私たちがそれについてもつ意識を超えているということだ。身体のうちには私たちの認識を超えたものがあるように、精神のうちにもそれに優るとも劣らぬほどこの私たちの意識を超えたものがある。したがって、みずからの認識の所与の制約を越えた身体の力能をつかむことが私たちにもしできるようになるとすれば、同じひとつの運動によって、私たちはみずからの意識の所与の制約を越えた精神の力能をつかむこともできるようになるだろう。身体のもつもろもろの力能についての認識を得ようとするのは、同時にそれと並行的に、意識をのがれているもろもろの精神の力能を発見するためであり、両力能を対比する〔対等に置いて理解する〕ことができるようにするためなのだ。いいかえれば身体というモデルは、スピノザによれば、なんら延長〔私たちの物質としてのありよう〕に対して思惟をおとしめるものではない。はるかに重要なことは、それによって意識が思惟に対してもつ価値が切り下げられる〔意識本位が崩される〕ことだ。無意識というものが、身体のもつ未知の部分と同じくらい深い思惟のもつ無意識の部分が、ここに発見されるのである。

それというのも、意識はもともと錯覚を起こしやすくできている。その本性上、意識は結果は手にするが、原因は知らずにいるからだ。原因の秩序〔順序次第〕は、明確にいえば次のようなかたちをとる。すなわちまず、すべての身体または物体は延長において、すべての観念ないし精神は思惟において、それぞれその体、その観念のもつ諸部分を包摂する個々特有の構成関係をもって成り立っている。ある体が他の体に、ある観念が他の観念に「出会う」とき、この両者の構成関係はひとつに組み合わさってさらに大きな力能をもつあらたな全体を形成することもあれば、一方が他を分解しその構成諸部分の結合を破壊してしまうこともありうる。こうして、それら個々も生きた諸部分の集合体であるひとつひとつの身体や精神が、もろもろの複雑な法則にしたがってたがいに合一をとげ、分解をとげるということ、まさにそこにこそ身体の不思議があり、精神の不思議がある。[*3] 原因の秩序とは、したがってそうした個々の構成関係すべての形成〔合一〕と解体〔分解〕の秩序であり、全自然がその無限の変様をとおしてとる秩序にほかならないのだ。だが私たちは、意識をそなえた私たち人間は、どこまでもそうした合一や分解の結果を手にしているにすぎない。ある体〔身体または物体〕がこの私たちの身体と出会いそれとひとつに組み合わさるとき、ある観念がこの私たちの心と出会いそれとひとつに組み合わさるとき、私たちは喜びをおぼえ、また反対にそうした体や観念によってこの私たち自身の結構が脅かされるとき、悲しみをおぼえる。私たちは、みずからの身体に「起こること」、みずからの心に「起こること」しか、いいかえれば他のなんらかの体がこの私たちの身体のうえに、なんらかの観念がこの私たちの観念〔私たちの心〕のうえに引き起こす結果しか、手にすることができないような境遇に置かれているのだ。そもそも自身の身体や心が、その固有の構成関係のもとにどのように成り立ち、他の体や心または観念が、それら個々の構成関係のもとにどう成り立っているのか、またそうしたすべての構成関係がたがいにどのような法則にしたがって合一や分解をとげるのか――そうしたことは、私たちがみずからの認識や意識の所与の秩序にとどまっているかぎり、何ひとつわからない。要するに、そのままでは私たちは、ものごとの認識においても自身の意識においても、本来の原因から切り離された結果しか、非十全な、断片的で混乱した観念しかもてないようにできているということだ。[*4] そういうわけで、幼な児は幸福であるとか、最初の人〔アダム〕は完全だったなどとは私たちにはまず考えられない。彼らはものごとの原因も本性も知らず、ただ起きてくる出来事を意識するばかりで、その法則はつかめないままひたすら結果をこうむることを余儀なくされているために、なにごとにも一喜一憂を強いられ、その不完全さに応じた不安と不幸のうちに生きているからである（〔原罪あるいは堕落を知るまえの〕完全で幸福なアダムという神学上の伝統的な考え方に対して、スピノザほど決然と反対をかかげた者はいなかった）。

　意識はどうやって自身の不安を鎮めるのだろう。どうしてアダムは自分が幸福であり完全であると思い込むことができるのだろう。三重の錯覚がここにははたらいている。結果しか手にできない意識は、ものごとの秩序〔順序〕を転倒し、結果を原因と取り違えることによって自身の無知をおぎなおうとする（目的因の錯覚）。ある体がこの私たちの身体のうえに引き起こした結果を、意識は逆にそれこそが目的であり、その外部の体がまさにそのためにはたらいた当の原因〔目的因〕だったのだとし、同時にその結果の観念についても、意識はそれを自身がそのためにそうはたらいた目的因だったのだとしようとするのである。そこで意識は自分が第一原因であると思うようになり、身体に対するおのれの支配力〔権力〕にその根拠をもとめるようになる（自由裁量の錯覚）。そして、もはや自分が第一原因であるとも、こうなるようにと自分が意図したのだとも想像することができない局面では、意識はその根拠を神に、——知性と意志をそなえた神、目的因や自由裁量を駆使して、人間に報いとしての賞罰に応じた世を用意している神に、もとめることになる（神学的錯覚）。[*5] 意識は錯覚をいだくというのでさえ、不十分である。意識は、分かちがたくそうした合目的性の錯覚、自由の錯覚、神学的錯覚という三重の錯覚と結びつき、その錯覚のうえに成り立っているからである。意識は、文字どおり目を見開いたまま見ている夢にすぎない。「こうして乳呑み児は自分の自由で乳を欲していると思い、腹を立てた子は仕返しを、怖がりの子は逃げ出すことを、自分の自由でそうしたいのだと思っている。酔いしれて、あとで醒めてから黙っていればよかったと思うようなことを口にした者も、そのときはやはり自分が精神の自由な決定に従って話していると信じているのである」[*6]。

それにしても、意識には意識それ自身の原因がなければならない。スピノザはときに、欲望とは「自意識をともなった衝動」であると定義することがある。しかしこれは、続けて彼が明らかにしているように、欲望のあくまでも名目的な定義にすぎず、意識をともなおうとともなうまいと衝動であることに変わりはない（「私たちは、あるものがいいと判断するから〔意識〕それをもとめる〔努力・意欲・衝動・欲望〕のではない。反対に、私たちはあるものをもとめているからこそ、それがいいと判断するのである」[*7]）。意識は衝動の過程でいわば穿たれるのであり、私たちはそうした意識の「原因」をも同時に示すような実質的な欲望の定義に到達しなければならないのだ。ところですべてのものは、身体や物体であれば延長において、心あるいは観念であれば思惟において、どこまでもそれが存在するかぎりその存在に固執し、それを保持しようとしつづける。衝動とはまさにそうした個々すべてのものがとる自己存続の努力（コナトゥス）以外のなにものでもない。けれどもこの努力は、出会ったその対象に応じてさまざまに異なった行動に私たちを駆り立てるから、そのありようは、対象が私たちに引き起こす変様《アフェクチオ》によってそのつど決定されているといわなければならない。私たちのコナトゥスを決定するこうした触発による変様こそ、このコナトゥスに意識が生じる原因でなければならない。[*8] しかもこうした変様は〔ただたんに継起しているのではなく〕その出会いの相手が私たちとひとつに組み合わさるか、それとも反対にこの私たちを分解してしまうようなものであるかに応じて、より大きなあるいは小さな完全性へと私たちを移行させる動き（喜びや悲しみ）と不可分に結びついているために、意識は、そうした〔完全性の〕より大きな状態から小さな状態への、より小さな状態から大きな状態への推移の、連続的な感情の起伏として現れてくる。意識は、他の体や観念との交渉のなかで私たちのコナトゥスが受けるさまざまな変動や決定をものがたっているのである。私の本性と合う対象は、それ自身と私の両者をともに含む高次の全体をかたちづくるよう、私を決定する。私に合わない対象は、この私自身の結合を危うくさせ、私という集合体を部分へと解体してしまうおそれがあり、極端な場合には、それらの部分がもはや私の構成関係とは相容れない構成関係のもとにはいってしまうこと（死）もありうる。意識は、力能のより小さな全体からより大きな全体への、またその逆の、そうした推移というか推移の感情として現れてくるのであり、どこまでも過渡的なものなのだ。けれども意識は〈全体〉それ自体の特性ではないし、個別的などんな全体のもつ特性でもない。意識は情報としての価値しかもたないし、その情報にしても混乱した断片的なものであらざるをえない。この点でもやはりニーチェは厳密にスピノザ主義的である。彼は書いている。「主要な大半の活動は無意識的になされている。意識はふつう〔私なら私という〕ひとつの全体が高次の全体に従属しようとするときにしか現れてこない。なによりもまずそれは、そうした高次の全体に対する意識、私の外部にある実在に対する意識なのだ。意識は、私たち自身がそれに左右されてしまうような存在に対して生まれるのであり、そこに私たちが自身を組み入れてゆく手段なのである」と。

## 二　いっさいの価値、とりわけ善悪に対する評価の切り下げ〔道徳的善悪ではなしに〕「いい」「わるい」を評価するために——反道徳者スピノザ

「おまえはこの木の実を食べてはいけない……」。不安でもあり無知でもあるアダムは、このことばを禁止命令として受けとる。だが、何がここで問題となっているのだろう。ある木の実のことであり、そのかぎりでこの木の実はアダムがそれを食べれば毒となるだろうということである。まさにこれは、二つの体が出会い、そのそれぞれに特有の構成関係がひとつに組み合わさらないケースである。その木の実は毒としてはたらくだろう。いいかえればそれはアダムの身体を構成している諸部分を（またそれと並行して、この木の実の観念は、ア

ダムの心を構成している諸部分を〕、アダム固有の本質にはもはや対応しない、あらたな構成関係のもとにはいるよう決定するだろう。ところがアダムは原因について無知なために、神はただたんにその木の実を摂取すればどういう結果になるかを彼に啓示しているにすぎないのに、神が道徳的になにかを禁じているものと思いこんでしまうのだ。スピノザが何度でもくりかえしこれを例としてあげるのは、一般に私たちが〈悪〉〔悪しきこと〕としてとらえている現象は、病いや死も含めて、すべてがこのタイプの現象、いいかえれば悪しき出会い、一種の消化不良、食あたり、中毒であり、つまりは構成関係の分解にほかならないからである[*9]。

ともあれ〔たとえ身体と毒が結合するような場合であっても〕つねにそこには、全自然の永遠の法則に従い、それぞれの秩序に応じて複合・合一をとげる各個の構成関係のすがたがある。そこには〈善〉も〈悪〉もない。〔場合に応じた個々の具体的な〕いい・わるいがあるだけだ。「善悪のかなたに〔……〕」、とはいってもそれは〈いい〉〈わるい〉のかなたにということではない」[*10]。〈いい〉とは、ある体がこの私たちの身体と直接的に構成関係の合一をみて、その力能の一部もしくは全部が私たち自身の力能を増大させるような、たとえばある食物〔糧となるもの〕と出会う場合のことである。私たちにとって〈わるい〉とは、ある体がこの私たちの身体の構成関係を分解し、その部分と結合はしても私たち自身の本質に対応するそれとは別の構成関係のもとにはいっていってしまうような、たとえば血液の組織を破壊する毒と出会う場合のことである。したがっていい・わるいは、第一にまずこの私たちに合うもの・合わないものという客体的な、しかしあくまでも相対的で部分的な意味をもっている。また、そこからいい・わるいはその第二の意味として、当の人間自身の生の二つのタイプ、二つのありようを形容する主体的・様態的な意味ももつようになる。いい（自由である、思慮分別がある、強さをもつ）といわれるのは、自分のできるかぎり出会いを組織立て、みずからの本性と合うものと結び、みずからの構成関係がそれと結合可能な他の構成関係と組み合わさるよう努めることによって、自己の力能を増大させようとする人間だろう。〈よさ〉とは活力、力能の問題であり、各個の力能をどうやってひとつに合わせてゆくかという問題だからである。わるい（隷従している、弱い、分別がない）といわれるのは、ただ行き当たりばったりに出会いを生き、その結果を受けとめるばかりで、それが裏目にでたり自身の無力を思い知らされるたびに、嘆いたりうらんだりしている人間だろう。いつも強引に、あるいは小手先でなんとか切り抜けられると考えて、相手もかまわず、それがどんな構成関係のもとにあるかもおかまいなしに、ただやみくもに出会いをかさねていては、どうしていい出会いを多くし、わるい出会いを少なくしてゆくことができるだろうか。どうして罪責感でおのれを破壊したり、怨恨の念で他を破壊し、自身の無力感、自身の隷属、自身の病、自身の消化不良、自身の毒素や害毒をまき散らしてその輪を広げずにいられるだろうか。ひとはもう自分でも自分がわからなくなってしまうことさえあるのである[*11]。

かくて〈エチカ〉〔生態の倫理〕が、〈モラル〉〔道徳〕にとって代わる。道徳的思考がつねに超越的な価値にてらして生のありようをとらえるのに対して、これはどこまでも内在的に生それ自体のありように則し、それをタイプとしてとらえる類型理解《タイポロジー》の方法である。道徳とは神の裁き〔判断〕であり、〈審判〉の体制にほかならないが、〈エチカ〉はこの審判の体制そのものをひっくりかえしてしまう。価値の対立（道徳的善悪）に、生のありようそれ自体の質的な差異（〈いい〉〈わるい〉）がとって代わるのである。こうした道徳的価値の錯覚は、意識の錯覚と軌を一にしている。そもそも意識は無知であり、原因や法則はもちろん各個の構成関係やその合一・形成についても何ひとつ知らず、ただその結果を待つこと、結果を手にすることに甘んじているために、まるで自然というものがわかっていない。ところが、理解していなければ、それだけで簡単にものごとは道徳と化す。法則にしても、それを私たちが理解していなければたちまち道徳的な「……すべし」というかたちをとって現れてくることは明白である。三数法〔比例関係 a：b＝c：d の三つの数値から第四項を d＝b×c÷a で求める計算法〕も、その法則を理解していなければ、私たちはただたんにそれを適用し、義務として遵守するにすぎず、そうすべきだからするというだけになってしまう。アダムの場合も、その問題の木の実と出会えば自分の身体がどうなるかという構成関係の法則を理解していないから、神のことばを禁止命令として受けとるのである。それどころかこの自然の法則《ロワ》さえ、これまであまりにも道徳的な法《ロワ》〔道徳律、掟〕と混同され、理解をあやうくされてきただけに、スピノザも、私は自然の〈法則〔＝法〕〉とはいうまい、ただもろもろの永遠の真理について語ろう、と述べているほどだ。「類比によって、この〈法〉ということばはそのまま自然の事象にも適用されることがあるが、一般に法といえば、これは従うべき命令としてしか解されない[*12]……」。ニーチェが化学、つまり毒物や解毒剤を扱う学問について述べているように、法則ということばには道徳的な後味があり、用心してかからなければならないのだ。

けれども、自然の永遠の真理と〔人間の設けた〕制度としての道徳的な法というこの二つの領域を区別することは、たとえそれがこの両者の果たす効果または結果による区別でしかないとしても、むずかしいことではない。意識の言うことをそのまま受けとってみよう。道徳的な法とは、なすべきこと・あるべきこと〔義務・本分・当為〕であり、服従以外のなんの効果も、目的ももたない。そうした服従が必要不可欠の場合もあれば、その従うべき命令が十分根拠のあるもっともなものである場合もあることだろうが、そんなことは問題ではない。問題は、こうした道徳的もしくは社会的な法が私たちになんら認識をもたらさず、何も理解させてくれないということだ。最悪の場合には、それは認識の形成そのものを妨げる（圧制者の法）。最善の場合でも、法はただたんに認識を準備し、それを可能ならしめるにすぎない（アブラハムの法・キリストの法）。この両極端の中間では一般に法は、その生のありようゆえに認識するだけの力をもたないひとびとのもとで、認識の不足を補う役割を果たしている（モーセの法）。だが、いずれにしても認識と道徳とでは、〈命令〉に対する〈服従〉の関係と〈認識されるもの〔真理〕〉に対する〈認識〉の関係とでは、そこに本性上のちがいがあることはおおうべくもない。神学の悲劇、神学の有害性はスピノザによれば、ただたんに思弁的な性質のものではなく、実践面でそれがこの私たちにそうした本性上異なる二つのものごとの混同を引き起こすところから生まれている。神学は、ともかくも聖書に書かれていることが認識の基盤であるという考え方に立つ。たとえその認識そのものは合理的に展開され、理性のことばによって置き換えられ翻訳されさえしなければならないとしても、根本は聖書にあると考えるわけで、道徳的・超越的な創造者としての神の想定もそこから出てくる。ここに、のちに見るように存在論全体に禍をおよぼすことになる混同も胚胎している。命令と理解されるべきことと、服従と認識それ自体とを、〈存在〉〔(かく)ある〕と〈神の意志〉(Fiat)〔(かく)あれ〕とを混同してきた長い錯誤の歴史である。法は、どこまでも価値の善悪をめぐる対立を決定する超越的な権威であり、認識は、どこまでもありようの〈いい〉〈わるい〉をめぐる質的な差異を決定する内在的な力能なのである。

## III　いっさいの「悲しみの受動的感情」に対する評価の切り下げ(喜びを評価するために)
### ――無神論者スピノザ

〈生態の倫理《エチカ》〉と〈道徳《モラル》〉とが、ただ解釈のうえで相違するだけで同じ教訓を語っているにすぎないとすれば、この両者の区別はたんなる理論上のものでしかないことになるだろう。だが事実はそうではない。スピノザはその全著作をつうじて、たえず三種類の人物を告発しつづけている。悲しみの受動的感情にとらえられた人間、この悲しみの受動的感情を利用し、それを自己の権力基盤として必要としている人間、そして最後に、人間の条件や人間のそうした煩悩としての受動的感情一般を悲しむ人間(憤慨したり嘲笑したりするかもしれないが、その嘲笑自体にも毒が含まれている」*13である。奴隷〔隷属者〕と暴君〔圧制者〕と聖職者と……まさに三位一体となった道徳の精神。エピクロス、ルクレチウス以来、これほどみごとに隷属者と圧制者とのあいだの深い暗黙のきずなを示した者はいなかった。「君主制の最大の秘密、最も深い関心事は、ひとびとを錯誤のうちに置き、恐怖心に宗教の美名を着せて彼らを抑えるのに利用し、彼らがあたかもそれが救いであるかのように自身の隷属をもとめて闘うようにさせるところにある」*14。悲しみの受動的感情は、際限ない欲望と内心の不安、貪欲と迷信がひとつに結びついた観念複合体にほかならないからだ。「あらゆる種類の迷信に最も激しくとらえられずにおかないのは、世俗的な幸福を最も飽くことなく追い求めるひとびとである」。圧制者はそれを成功させるためにひとびとの心の悲しみを必要とし、悲しみに心をとらえられたひとびとはそれを助成しその輪を広げるために圧制者を必要とする。いずれにしても、この両者を結びつけているのは生に対する憎しみ〔嫌悪〕、生に対する怨恨《ルサンチマン》の念なのである。『エチカ』には、あらゆる幸福がその眼には侮辱としてうつり、ただひたすらみじめさや無力感をおのれの情念として生きている怨恨の人の肖像が描かれている。「人の心を励まして強めるどころか、それを打ちくじく術に長けたこうしたひとびとは〔他のひとびとにとって不快なだけでなく〕自分でも自分がいやでならないのだ。そういうわけで、多くの者たちが〔性急さや誤った宗教熱から〕人間のあいだより獣たちのあいだで生きる道を選んだのである。それはちょうど、親の叱責を平静な心で耐えることのできない少年や青年たちが、逃避して軍隊にはいり、家庭的な幸福や父親の忠告より戦争の苦難や暴君の権力を選んで、ただ両親に復讐したいがためにどんな労苦も甘んじて受けるのにも似ている」[*15]。

まさしくスピノザには「生」の哲学がある。文字どおりそれはこの私たちを生から切り離すいっさいのものを、私たちの意識の制約や錯覚と結びついて生に敵対するいっさいの超越的価値を告発しているからである。私たちの生は、善悪、功罪や、罪とその贖いといった概念によって毒されている[*16]。生を毒するもの、それは憎しみであり、この憎しみが反転して自己のうえに向けられた罪責感である。一連の悲しみの受動的感情がかたちづくる恐るべき連鎖のあとを、一歩一歩スピノザはたどってゆく。まず悲しみそれ自体、ついで憎しみ、反撥、嘲り、恐れ、絶望、良心の呵責（morsus conscientiae）、憐れみ、敵意、妬み、卑下、失意、自卑、恥辱、未練、怒り、復讐心、残忍……[*17]。その徹底した分析は、希望のうちにさえ、安堵のうちにさえ、それを隷属的感情とするにたる悲しみの種子が含まれていることをえぐりだしてみせる[*18]。真の国家〔共同社会《キウィタス》〕は国民に、褒賞への希望や財産の安全よりも、自由への愛を提供するものなのだ。なぜなら「善行の褒賞は自由人に対してではなく、隷属者に対してこそ与えられるからである」[*19]。スピノザは、悲しみの受動的感情にはよいところもあると考えるひとびとには属していない。彼はニーチェに先立って、生に対するいっさいの歪曲を、生をその名のもとにおとしめるいっさいの価値観念を告発したのだった。私たちは生きていない。生を送ってはいてもそれはかたちだけで、死をまぬがれることばかり考えている。生をあげて私たちは、死を礼讃しているにすぎないのだと。

　悲しみの受動的感情に対するこうした批判は、深く触発＝変様《アフェクチオ》の理論に根ざしている。一個の個体は、まずはひとつの個的・特異的な本質、すなわちひとつの力能の度〔強度〕である。この本質にはその個体特有の一定の構成関係が対応し、この力能の度にはその個体がとりうる一定の変様能力が対応している。この構成関係は〔外延的〕諸部分を包摂し、この変様能力はその個体が触発に応じてとるもろもろの変様《アフェクチオ》によって必然的に満たされる。こうして、たとえば動物の場合も、類や種といった抽象的な概念によるよりはむしろ、それら個々の動物のもつ変様能力によって、それらが触発に応じてどのような変様をとげることが「できる」か、その持てる力能の限界内でどのような刺激に対して反応するか、によって定義されることになる。類や種による〔超越的規範にもとづく〕とらえ方には、まだ「道徳的」な視点が含まれているのに対して、『エチカ』(Éthipue) とはまさにエトロジー (éthologie)

〔動物行動学、生態学〕であり、これは、どんな場合にもただ触発に対する変様能力から人間や動物をとらえようとする考え方に立つのである。ところで、まさにこの人間についてのエトロジーの観点から、二種類の変様がまず区別されなければならない。能動《アクシヨン》〔能動的変様〕と受動《パッシヨン》〔受動的変様〕である。能動とは、触発をとおして変様するその当の個体〔個人〕自身の本性から説明されるような、その個体の本質に由来する変様であり、受動とは、〔その個体と出会う〕他のものから説明されるような、外部に由来する変様である。したがってその個体のもつ変様能力も、それがそうした能動的変様によって満たされると考えられるかぎりは、みずからはたらく力能〔能動の力能、活動力〕として、またそれが受動的変様によって満たされると考えられるかぎりは、はたらきを受ける力能〔受動の力能、感応力〕として現れてくる。同じひとつの個体、いいかえれば一定の限界内で不変であると考えられる同じひとつの力能の度について、その変様能力そのものは同じこの限界内で不変を保つが、その能動の力能と受動の力能はともに逆比的に大きく変動するのである。

能動と受動ばかりではない。受動にも二種類の受動を区別しなければならない。いずれにせよこの受動の特性は、それが、この私たちを私たち自身の活動力能から切り離し、私たちをこの力能から離れさせたままで、私たちの変様能力を満たすところにある。けれども、私たちが自身の体と適合・一致をみない外部の物体や身体と（すなわちその構成関係が私たちのそれとはひとつに組み合わさらないような体と）出会ったときには、すべては、いわばその相手の体の力能がこの私たちの力能に敵対し、これに対してマイナスや固定化にはたらくかたちで進行する。すなわちこの場合、私たちの活動力能は減少するか阻害されるのであり、これに対応する受動〔受動的情動〕が悲しみの感情である。それとは逆に、私たちが自身の本性と適合・一致をみる体と出会い、その構成関係が私たちのそれとひとつに組み合わさるときは、いわば相手の体の力能がこの私たち自身の力能にプラスされるかたちとなる。そうした変様を私たちに引き起こす受動、これが喜びの感情であり、この場合には私たちの活動力能は増大するか促進されるのである。この喜びも、外部にその原因をもつ以上はまだ受動の域を出るわけではない。私たちはまだ、みずからの〔能動的な〕活動力能から切り離されたままにとどまり、この力能を形相的に所有しているわけではない。しかし、それでもこの活動力能がそれにともなって増大することに変わりはない。ここに私たちは一歩、転回点に——ついに私たちがそのあるじとなり、真に能動〔みずからの活動〕の名、能動的な喜びの名に値するものに変わるだろう質転換の起こる地点に——「近づく」のである。*20

こうした触発=変様の全理論をとおして、悲しみの受動〔受動的感情〕とは何であるかがわかってくる。それがどんなかたちをとり、どんな理由にもとづくものであろうと、悲しみの受動は私たちの力能の最も低い度合を表している。私たちが最大限にみずからの能動的な活動力能から切り離された状態、最大限に自己疎外され、迷信的妄想や圧制者のまやかしにとらえられた状態である。『エチカ』〔生態の倫理〕は必然的に喜びの倫理でなければならない。喜びしか意味をもたないし、喜びしか残らないからだ。ただ喜びだけが私たちを能動に、能動的活動の至福に近づかせてくれる。悲しみの受動は、どこまでも〔自身の〕無力の感情でしかない。『エチカ』の実践的な問題は、まさに次のような三重のものとなるだろう。すなわちまず、いかにして最大限の喜びの受動に達するか、またさらにそこから自由で能動的な感情へと移行するか（自然において私たちの置かれた境遇からは、悪しき出会いや悲しみを余儀なくされているようにみえるのに）という問題。この能動的な感情は〔原因に関する〕十全な観念からこそ生じるわけだが、ではいかにして十全な観念を形成するにいたるか（自然的条件からすれば、私たちは自身の身体や精神についても他のものについても、非十全な観念しかもてない運命にあるようにみえるのに）という問題。そして最後にもうひとつ、いかにしておのれ自身や神および他のすべてのものを自覚する——「自身を、神を、また他のすべてのものを、永遠の必然性によって意識する（sui et Dei et rerum aeterna quadam necessitate conscius)」（ＥＶ42備考）までになるか（私たちの意識は、分かちがたく錯覚と結びついているようにみえるのに）という問題である。

『エチカ』の根幹をなす大きな理論——実体の唯一性、属性の一義性、〔神の〕内在性、〔すべての存在の〕普遍的必然性、心身並行論、等々——は、意識、価値観念、悲しみの受動的感情をめぐる三つの実践的テーゼと不可分に結びついている。『エチカ』は、同時に二度〔二通りの書き方を並行させて〕書かれている本である。一度は、滔々と流れる大河のように、一連の定義・命題・証明・系の連続的な流れをとおして、どこまでも思考の厳密さをよりどころに大いなる思弁的テーゼを展開してゆくかたちで。いま一度は、この第一の版の底から、とぎれとぎれ火山のように噴出してくる一連の備考の不連続的な連鎖をとおして、心からの怒りをたたきつけ告発と解放に向けて実践的テーゼを立ててゆくかたちで。[21]『エチカ』のすべての道は内在に徹するところに切り開かれる。だが内在とは、まさに無意識そのものであり、同時にその無意識を克服することなのだ。生態の倫理《エチカ》における喜びは、思弁における肯定と相関しているのである。

# 第三章　悪についての手紙（ブレイエンベルフとの往復書簡）

ブレイエンベルフとのあいだで交わされた往復書簡は、それぞれ四通ずつ、一六六四年十二月から一六六五年六月にかけて全部で八通の手紙がのこされている（EP18—24、27）。この往復書簡は心理的にみても、たいへんおもしろい。ブレイエンベルフは一介の穀物ブローカーであり、その彼がスピノザに手紙を書いて悪の問題を提起する。最初はスピノザも文通の相手が真理探究の念に動かされていると信じるのだが、ほどなくこのブレイエンベルフという人物が、むしろ論争を好み、自己の正しさを主張して人を裁かずにはいられない、哲学者というよりはカルヴァン派の素人神学者であることに気づく。早くも第二信（EP20）から彼はブレイエンベルフの無礼なことばにはそっけない対応でこたえている。しかし、それにもかかわらずスピノザは彼自身がその主題に夢中になってしまったかのように、その後も文通をつづける。彼がようやくこの関係を打ち切ったのは、のちにブレイエンベルフが直接訪ねてきて、もはや悪の問題の枠を越えたあらゆる種類の質問を彼に浴びせるようになってからのことである。この往復書簡全体の深い興味もまさにそこにある。これはスピノザが悪の問題を真正面から扱った唯一の長文のテクストであり、他の著作には類をみない思いきった分析や表現がこころみられている。ブレイエンベルフはよく愚鈍であるとか混乱した精神の持ち主だといわれるが、そんな印象を私たちはまったくおぼえない（彼の欠点は別のところにある）。『エチカ』のことを知らず、最初の手紙もスピノザによるデカルト哲学の解説書に関する指摘から始めながら、彼はつねにスピノザ思想の核心に届く根本的な質問を提出しつづけ、いやでもスピノザが具体例をかさね、逆説を展開して、悪をめぐる一風変わった考え方を浮き彫りにせざるをえなくさせている。スピノザ自身も、敵意や憎しみの感じられる相手の前で、しかもうかつには手を出せないきわめて危険なテーマだというのに、あたかも真理への愛に駆られて彼本来の慎重さをかなぐり捨て、本心をそのまま打ち明けているかのようなのだ。悪はなにものでもない〔なんの価値も力ももたない〕とする合理主義的なグランド・セオリーは、おそらく十七世紀には常套とされた考え方のひとつであり、それ自体としては特別なものではない。しかしそれをどうスピノザは根本的につくりかえてしまおうとするか、これがブレイエンベルフとの往復書簡で追求された問題だった。スピノザによれば、悪がなにものでもないのは、ただ〈善〉のみが存在し、それがすべての存在を支えているからではない。善もまた悪と同様なにものでもなく、〈存在〉そのものが善悪を越えているからである。

さて、ブレイエンベルフも最初は彼がデカルト主義者たちに向ける一般的な質問から出発したのだった。いかにして神は「悪しき意志」、たとえば禁断の木の実を食べようとするアダムの意志の原因となりうるのか、と。ところがスピノザは、直接これに自分自身の意見をもって答える（ようやく彼がデカルトに立ち戻り、デカルトと自分とのあいだの相違を示すのは、もっと後の第二一書簡になってからのことである）。それもただたんに、どのような一般的な意味で悪はなにものでもないかを説明してすませるのではない。彼はブレイエンベルフの挙げた例をそのままとりあげて、こう答えている。「この木の実の禁止は、ひとえに神がアダムに対して、その木の実を食べれば消化不良で死を招く結果になるだろうことを啓示した点にあります。それはちょうど私たちが自身の自然の光〔理性のはたらき〕をとおして、毒物は死をもたらすことを知るのと同じことなのです」（EP19）。いいかえれば神は何も禁じているのではなく、アダムに、問題の木の実はその組成によって彼の身体そのものの構成を分解してしまうだろうと教えているにすぎないというわけだ。その木の実はいわば砒素としてはたらくのである。したがってもう出発点で私たちは、いっさいの悪しきことはいわば中毒、食あたり、消化不良としてとらえられるべきだとするスピノザの根本的なテーゼに出会っていることになる。個人的な要因を考慮に入れれば、不耐性やアレルギーとしてということさえできるだろう。そして、ブレイエンベルフがまことによく理解したのもその点だった。「貴下はこの私が悪徳と呼ぶものを、それが御自身個人の本性に反するから避けられるのであって、それがまさに悪徳だから避けておられるのではありません。貴下がそれを避けられるのは、人が自分の嫌いな食べ物を避けるのと同じことなのです」。しかしもしそのような不耐性をもたず、犯罪を「好む」人間がいるとしたら、どういうことになるのだろう（EP22）。どうして個人的嗜好としての嫌悪が徳となりうるのだろう。[*1] ブレイエンベルフはさらにもうひとつ、これには直接スピノザは答えていないが、たいへんおもしろい質問を付け加えている。あるものが毒だということは経験をとおしてしか知ることができないが、だとすれば悪はたんにア・ポステリオリな〔結果から原因へとさかのぼる〕経験的所与にすぎないのだろうか。また、それでは「啓示」や「認識」というのは何を意味することになるのだろうか（EP20）。

一気に踏み込んで問題がここまで詰められたからには、スピノザにとっていったい中毒する、毒となるとはどういうことなのかを、ここで確かめておかなければならない。スピノザによれば、どのような身体や物体も、もろもろの部分、「きわめて多数の部分」から成るが、それら諸部分はどこまでもそうした個々の体に特有の一定の（運動と静止の）構成関係のもとに各体に帰属しているにすぎない。複合体はいろいろな部分を含み、各部分は部分でそれ自体も多様なさまざまの構成関係のもとにはいっており、そうしたさまざまの構成関係どうしがひとつに組み合わさって、あるレベルでその個体特有の、基幹となる構成関係をつくりあげているのであるから、実情はきわめて複雑である。どの体ひとつも、またひとつの体から他への編成においても、そこでは入れ子をなして構成関係が複合し、その複合のうえに各体の「形相」も成り立っているのである。たとえば、スピノザがオルデンブルク宛の書簡（ＥＰ32）で述べているように、乳糜〔血漿中の乳状脂粒〕もリンパもそれぞれは別の構成関係をもつ二つの体〔流体〕だが、この両者は基幹となる第三の構成関係のもとに複合して血液をかたちづくる。そして、この血液は血液でやはり、また別の基幹となる特有の構成関係のもとに動物や人間の身体の一部分をなしているのである。しかも、その構成関係がまったく同一の二つの体、たとえば厳密に同じ血液をもつ二つの個体など、どこにも存在しない。さて、それなら中毒の場合にはどういうことが起こるのだろう。あるいはまた（構成関係個々の個別的な要因も考慮に入れなければならないから）アレルギーの場合には。そう、そうした場合には、複合してその身体をかたちづくっていたもろもろの構成関係の一角が破壊され、分解されてしまうことが、いまや明らかとなる。そして、その身体特有の基幹となる構成関係それ自体が破壊されるべく決定されたときには、死が訪れるのである。「身体の死とは、その身体の各部分がそれまでとは相互の運動と静止の割合が異なる別の構成関係にはいっていってしまうような状態に置かれたとき、到来するものであると私は解する」[*2]。スピノザはこれによって、構成関係が破壊される・分解されるとはどういうことなのかをはっきりさせている。これは、それ自体は永遠の真理であるそうした構成関係が、もはや現実的諸部分によって具現されなくなるということなのだ。消えてしまったのは、それ自体は永遠の真理である構成関係ではない。それら個々のあいだでこれまではその構成関係が成り立っていたが、いまでは別の構成関係をとるにいたった諸部分が姿を消したのである[*3]。たとえば、毒が血液を分解してしまうというのは、その毒が血液の諸部分を別の構成関係、血液とは別の体の構成関係のもとにはいるよう決定することにほかならない（それはもはや血液の部分ではなく……）。これまたブレイエンベルフがまことによく理解したところであり、最後の書簡（EP24）で彼はこう述べている。心〔精神〕についても同じ結論があてはまらなければならないのではないか。心それ自体も〔身体と同様〕きわめて多数の部分からかたちづくられているのだとすれば、これもやはりばらばらになって、各部分はもはや人間の心とは別の心になりかわっていってしまうはずではないのだろうか、と。

つまりスピノザは、悪はなにものでもないとする古典的なテーゼに、ある特殊な意味を与えたのだった。というのは、どんな場合にも、そこには複合・合一をとげる構成関係が必ずある（たとえば毒物と〔その毒と複合をとげて〕血液の諸部分がはいってゆくあらたな構成関係とのあいだでみられるように）からである。ただ、自然の秩序に従って複合・合一をとげる構成関係は、必ずしもある特定の構成関係の保存と一致するとはかぎらないというだけのことだ。その特定の構成関係は分解されてしまうことも、いいかえればもはや〔現実的諸部分によって〕具現されなくなってしまうこともありうる。まさにその意味において悪（それ自体としての悪）は存在せず、わるいもの（私にとってよくないもの）があるというにすぎない。「人間の身体の各部分が相互にもつ一定の運動と静止の構成関係を保たせるもの、これはいい。反対に人間身体の各部分が別の運動と静止の関係を相互にもつようにさせるもの、これはわるい」[*4]。その構成関係が私自身のそれとひとつに組み合わさるような（適合）すべてのものは〈いい〉といわれ、その構成関係が私自身のそれを分解してしまうような（不適合）すべてのものは〈わるい〉といわれることになろう。

そしてたぶん、もっと細かくみれば、状況はさらに複雑をきわめていよう。第一にまず、私たちは多数の構成関係をもって成り立っており、したがってひとつの同じ対象が、ある構成関係のもとでは私たちに適合し、他の構成関係のもとでは私たちに適合しないことも起こりうる。それからまた、こうした私たちの構成関係はどれも、それそのものが一定の許容しうる変化の幅をもっており、幼年期から年とって死ぬまでのあいだには相当に変化する。さらにまた、病気やその他の事情によってそうした構成関係が大きく変容し、はたしてそれがそのまま同じ個人であるのかどうか考えさせられてしまうようなことも起こりうる。その意味では、身体が屍と化すのを待たずに死者となる場合もあるということだ。最後にまた、そういった変容はその変容した私たち自身の部分が残りの部分に対して、それを裏切り崩壊させてしまうようないわば毒としてふるまうこともありうる（ある種の病気や、極端な場合には自殺の際にはそのようなことも起こる）[*5]。

中毒のモデルは、そうしたどんな場合にも、どれほど複雑なケースでも通用する。ただたんにそれは私たちがこうむる悪〔害悪・わざわい〕について通用するばかりではなく、私たちがおかす悪についても通用する。私たちは害毒の受け手となるだけでなく、その与え手ともなり、自分自身が毒素や毒物としてはたらくこともあるからだ。ブレイエンベルフはみずから三つのそうした例を挙げている。殺人の場合は、私は他の人間の身体のもつ特有の構成関係を分解してしまう。盗みの場合には、私はある人間とその所有物とを結びつけている構成関係を分解してしまう。姦通の場合も、一夫婦のもつ特有の構成関係、配偶者との関係が分解されてしまう。夫婦を構成する結合関係は、契約にもとづく制度的・社会的なものではあるが、それなりにやはりあるタイプの個体性をかたちづくっているのである。

このモデルを念頭において、ブレイエンベルフは第一弾の反論をくりだす。すなわち、(1) それではいかにして悪徳と美徳、犯罪と正当な行為は区別されるのか。(2) いかにして悪は、神がその責任を負わず原因となることもない、まったくの非存在に帰するのか。じっさい、もしどんな場合にもそこには複合・合一をとげる構成関係が必ずあり、同時にその一方で分解をみる構成関係もあるというのがほんとうだとすれば、第一にまず、何をしても価値のうえで優劣はないと認めざるをえなくなるのではないだろうか。「この世界は永遠の絶えざる混乱のうちに置かれ、われわれ人間も動物と変わらないことになってしまうでしょう」。それからまた、他人の妻と性行為をおこなっても、その行為がそれ自体としてもつ積極性においては自分の妻とおこなう場合となんら変わりはない以上、悪もまた善と同様なにがしかの価値をもつ〔なにほどかのものである〕ことを（EP20）認めざるをえないのではなかろうか。

区別することは可能であり、また必要でもあるという点ではスピノザも全面的に権利を主張し、行動の論理にもとづいてその区別を説いている。ただその論理があまりにも独特なために、彼の答えは、一見きわめてわかりにくいものにみえる。「たとえばネロによる母親殺しも、それがなにかある積極的なものを含むかぎりにおいては犯罪ではありませんでした。オレステスも外見的には同じ行為を果たし、故意をもって母親を殺害しましたが、ネロほど厳しい断罪を受けておりません。それではいったいどこにネロの犯罪はあるのでしょう。一にかかってそれは、ネロがこの行為によってみずからを忘恩、無慈悲、不孝の徒として示した点に存するのです。（……）神は、そうしたネロの行為や意図そのものの原因ではあっても、このことの原因ではなかったのです」（EP23）。まことに難解な文章だが、ここで助けとなってくれるのは『エチカ』の説明である。たとえば殴るという行為の、どこが積極的なのか、どこが〈いい〉のか、とスピノザはたずねている。[*6]それはこの行為（腕を上げ、拳を固め、力と速度をもって腕全体を振り下ろすこと）が、私の身体の一能力――この私の身体が一定の構成関係のもとでなしうること――を表現している点にある。それなら、この行為のどこが〈わるい〉のか。わるい、これはこの行為が、まさにこの行為によってその構成関係が破壊されてしまうようなものの像〔表象像〕と結びついたとき（たとえば私が誰かを殴って殺してしまう場合）、そこに現れる。同じ殴る行為でも、その構成関係がこの行為のそれとひとつに組み合わさるようなものの像と結びついていたら（たとえば鉄を打ち鍛える場合のように）、それは〈いい〉行為であったことだろう。ということはつまり、どんな行為も、それが直接的になんらかの構成関係を分解してしまう場合にはつねに〈わるい〉、反対にそれが他と直接的に構成関係の複合・合一をみる場合には〈いい〉行為であるということだ。[*7] これに対しては、いずれにせよそうした合一と分解は同時に起こるのではないか、分解されてしまう構成関係もあれば合一をとげる構成関係もあるのではないか、と反論されるかもしれない。しかしここで肝心なのは、行為が相手のものの像と結びつくその相手が、この行為とひとつに組み合わさりうるようなものとしてあるのか、それとも逆にこれによって分解されてしまうようなものとしてあるのか、そのどちらなのかということである。二つの母親殺しに戻って考えてみよう。オレステスはクリュタイムネストラを殺す。けれども彼女はすでに自分の夫、オレステスの父親であるアガメムノンを殺害していた。したがってオレステスの行為はまさに、しかも直接的にこのアガメムノンの像と、〔いまはもう存在はしていないが、それ自体としては〕永遠の真理であるアガメムノン特有の構成関係と結びつき、これとひとつに組み合わさる。しかし、ネロがアグリッピナを殺す場合には、彼の行為は、それによって直接的に分解される〔その構成関係を破壊される〕当の母親アグリッピナ自身の像としか結びついていない。ネロが「忘恩、無慈悲、不孝の徒として」みずからを示したというのもそういう意味である。同様に、この私が「怒りや憎しみをもって」人に一撃をくわえるときには、その行動を私は、これとひとつに組み合わさるどころか、逆にこれによって分解されてしまうようなものの像と結びつけているのである。要約しよう。悪徳と美徳、わるい行動といい行動の区別は、たしかに存在する。しかしこの区別は、その行為自体や行為の像のいかんにかかっているのではない（「いかなる行動も、それ自体だけをとれば〈いい〉わけでも〈わるい〉わけでもない」）。さらにまたこの区別はその行動の意図、いいかえればその行動が導く結果の像にかかっているのでもない。ひとえにそれは、その決定のされ方、いいかえればその行為の像がどのようなものの像と結びつくか、その結びつく相手の像にかかっている。あるいはもっと正確にいうなら、ともに固有の構成関係のもとにあるその行為の像と相手の像の、両者の構成関係の連関にかかっているのである。その行為は、それがその構成関係を分解してしまうようなものの像と結びついているのか、それとも自身の構成関係がそれとひとつに組み合わさるようなものの像と結びついているのか。

区別のポイントがまさにそこにあるとすれば、どういう意味で悪はなにものでもないのかもわかってくる。というのは、自然あるいは神の視点からすれば、どんな場合にもそこには複合・合一をとげる構成関係が必ずあり、永遠の法則に従って複合・合一をとげる構成関係のほかにはなにも存在しないからである。まさしく観念は、それが十全な観念であれば必ず、最少限二つの体――この私自身のそれと相手のそれ――を、たがいの構成関係が合一をみるその相のもとにとらえている（「共通概念」）。これとは反対に、適合をみない体には十全な観念は存在しない。この私の体と適合しない体は、適合しないかぎり十全な観念の成立をみない。まさにその意味で、悪は、というかむしろ〈わるい〉ことは、非十全な観念のうちにしか、非十全な観念から生じる悲しみの変様（憎悪、怒り、等々）のうちにしか存在しないのである。[*8]

だが、ここにいたってもなお議論は再燃しよう。じっさい、仮に自然の法則に従って複合・合一をとげる構成関係の観点からすれば悪はなにものでもないとしても、それら個々の構成関係のうちにおのずから表現されている本質についても同じことがいえるだろうか。どんな行為も所業もそれ自体としてはひとしく完全であるとしても、その行為の当事者各人はそうではないし、各個の本質もひとしく完全というわけではないことは、スピノザ自身も認めている（ＥＰ23）[*9]。しかも各自のそうした個的・特異的な本質は、そのなりたちからいっても、個々の構成関係がかたちづくられるのと同じような仕方で成立をみているのではない。だとすれば、どうしようもなく〈わるい〉ことに結びつく個的・特異的な本質もあるのではなかろうか——もしそうなら、それだけで絶対的な悪という考え方をふたたび導入するに十分だろう。毒することがその本質に属するような個的・特異的な本質もあるのではなかろうか。そこでブレイエンベルフは第二弾の反論を提起する。犯罪をおかすことや人を殺すこと、あるいは自殺することさえも、ある種の本質には属しているのではなかろうか（ＥＰ22）。犯罪を、毒ではなしにおいしい食べ物として受けいれるような本質もあるのではないか。さらに、邪悪さとしての悪から不幸・わざわいとしての悪に問題を移して、反論はつづけられる。というのは、どんな場合であれ不幸が私の身に起こるときには、すなわちこの私の構成関係のひとつが分解されてしまうときには、たとえ自然においては別の構成関係が複合・合一をみようとも、その不幸な出来事は私の本質に属するからだ。とすれば、盲目となること、あるいは犯罪者となることが私の本質に属するということもありうるのではないか……（ＥＰ20ならびに22）。スピノザは自分でも「本質の変様[*10]」について語っていないだろうか。したがって、たとえスピノザが各個体の構成関係の次元からは悪を追放することに成功したと認めるとしても、これを彼が、個々の本質の次元――そうした構成関係より深い個的・特異的な本質の次元――からも追放することが、はたしてできるのだろうか。

スピノザからは、まことにそっけない返答が返ってくる。もし犯罪が私の本質に属しているのなら、それは純然たる徳であるというほかはないだろう（EP23）[*11]。だがまさしく問題は、本質に属するとはどういう意味なのかということである。本質に属するのは、つねにひとつの状態、いいかえればひとつの実在性、完全性であり、これは〔その個体の〕一定の力能や、触発に対する一定の変様能力を表現している。ところで誰かが邪悪である、あるいは不幸であるというのは、その人間のとる変様〔いいかえればどう彼が触発に応えるか、彼が何をなしうるか〕に応じてのことではなく、彼のとらない変様に応じてのことである。目の視えない人は光の触発を受けても変様を起こすことができず、邪悪な人間は知性の光を受けても変様を起こすことができない。その人間が邪悪である、あるいは不幸であるといわれるのは、いま現に彼がもつ状態との関連ではなく、彼がもたないか、今ではもたなくなってしまった状態との関連においてのことなのだ。ところが本質は、その本質のとる状態しかもちえないし、他の本質に変わるということもありえない。「今この時点でその人〔目が視えない人、視えなくなってしまった人〕にも視力が属するとするのは、石にも視力が属するとするのと同じくらい理不尽なことでしょう。(……)それと同様に、私たちが卑しい情欲のとりこになっている人の本性を問題にし、いま彼がいだくその欲望を、廉潔なひとびとが胸にする欲望と、あるいは彼自身も他の時点では胸にしていた欲望〔より善い欲望、徳へと向かう心〕と比較する場合にも(……)〔私たちはそのあるべき状態が本来はいまの彼にも属しているものと考えるから、これを〈欠如〉としてとらえ、ブレイエンベルフのようにそこに本質的な悪を見いだしたりもするのだが〕、そのようなより善い欲望は、そもそもこの問題の時点ではその人間の本性に属していないという点では、それが悪魔や石の本性に属していないのとまったく同じことなのです」(EP21)。したがって悪は、構成関係の次元においても、この本質の次元においても存在しない。なぜなら、悪は一構成関係に存するのではなく、二つの構成関係のあいだの関係においてあるにすぎないが、それと同様に、悪はけっして一状態や一本質に存するのではなく、状態間の比較——本質間の比較でも同じことだ——においてあるにすぎないからだ。

だが、ブレイエンベルフが最も強く異を唱えるのもこの点である。私が二個の本質を比較し、その一方が他方のもつ能力をもたないからといって(たとえば石は目が視えないからといって)それをとがめるのは不当だとしても、私が一個の同じ本質のとる二つの状態を比較するときも、事情は同じだといえるのだろうか。この場合には、ひとつの状態から他へ実在的に移行し、私が以前はもっていた能力が減少または消失をみるのである。「今のこの私が以前の私より不完全になったとすれば（……）より完全でなくなったその分だけ私は悪くなっていることでしょう」（EP20）。スピノザは本質というものを一種刹那的にとらえる考え方に立っていないだろうか。それでは生成変化や持続がまるで理解できなくなるのではないか。「貴下の御意見に従えば、あるものの本質には問題のその時点においてそれが有していると認められるもの以外のなにものも属していないことになりましょう」（EP22[*12]〔傍点は引用者〕）。スピノザが、この手紙のやりとりにうんざりしてブレイエンベルフにその点について答えていないのは、思えば不思議なことである。というのは『エチカ』の中では、彼自身がそうしたより小さな完全性への移行の実在性、すなわち「悲しみ」について力説しているからだ。ここには、より大きな完全性の欠如にも、完全性の異なる二つの状態の比較にも帰してしまうことのできないなにかがある。[*13] 悲しみのうちには、否定でもなければ外在的なものでもない、なにかある還元されえないものがある。身をもって体験される、実在的移行である。持続である。これ以上還元されることのできない究極の「悪しきこと」を示すものがそこにはある。それが、活動力能や変様能力の減少としての悲しみであり、不幸な人間の絶望のうちにも邪悪な人間の憎悪のうちにもひとしくこの悲しみは姿を現している（悪意の喜びでさえ、それが憎むべき相手のこうむる悲しみに深くもとづいているという点では反動的である）[*14]。持続の存在を否定するどころか、スピノザはこの持続をもって現実の存在のとるさまざまな変動、連続的変移を定義しているのであり、そこにこそ悪しきことの最終的な逃げ場もあると見定めていたにちがいない。

　本質に属するのは〔その本質のとる〕状態ないしは変様、それだけである。本質に属するのは、あくまでも状態――なんら他の状態と比較されることなく、ある絶対的な量の実在性や完全性を表現しているかぎりにおける状態である。なるほどそうした状態ないし変様は、たんに絶対的な量の実在性を表現しているばかりではなく、同時に活動力能の変移、いいかえればその増大や減少、喜びや悲しみをそこに含んでいよう。しかしこの変移は、それ自体としては本質には属さない。この変移は現実における存在にのみ、持続にのみ属し、存在における状態の形成にのみかかわっているのである。それでもやはりこうした本質の状態は、それが〔現実の存在において〕力能の増大によって生じるか、それとも減少によるかでは、たいへんなちがいがあることに変わりはない。ある外発的な状態〔受動的変様〕が私たち自身の活動力能の増大を含む場合には、かさねてそこに、それを裏打ちするかたちで、この力能自身にもとづくもうひとつの状態〔能動的変様〕が生まれてくる。だからこそ、私たちと適合しひとつに組み合わさるようななにかの観念〔なにかの十全な観念〕は、この私たちを、おのれ自身や神についてもその十全な観念の形成へと導いてくれるのだとスピノザはいう。あたかもこうした外発的状態は、もはや私たち自身にしかもとづかない〔外部に依存せずに生まれてくる〕幸福によって裏打ちされるのである。[*15] これとは反対に、外発的な状態が私たちの力能の減少を含む場合には、その状態は連鎖的に他の非十全で従属的な状態へとつながってゆくことしかできない――少なくともこの私たちの力能が、もはやなにものによっても損なわれえない地点にまですでに達してしまっているのでないかぎりは。ひとことでいえば、本質の個々の状態はどれも〔それ自体としては〕つねにあたうかぎり完全であるが、現実の存在においてそれがどのような法則のもとに産出されるか、それしだいでは異なるということだ。それら個々の状態はどれも本質においてある絶対量の実在性を表現しているが、この実在性の量は各状態が存在において含む変移に応じて変化するからである。

まさにその意味で、存在〔現実の生〕は試練である。しかしそれは物理的・化学的な実地の試練であり、実験であって、〔道徳的善悪による〕〈審判〉とはまるでちがう。ブレイエンベルフとの全往復書簡をとおして神の裁きというテーマが焦点となっているのもそのためだ。はたして神は、審判者として〈善〉〈悪〉により裁きをくだすような、そんな知性や意志、そして感情〔喜怒哀楽〕といったものをそなえているだろうか。実際には私たちは、どこまでも私たち自身によって、そのときどきの私たちの状態にしたがって、裁かれるにすぎない。そうした個々の状態の物理化学的な実地の試練こそが、道徳にもとづく審判とはまったく逆に、〈生態の倫理〔エチカ〕〉をかたちづくっているのである。本質、この私たちの個的・特異的な本質は、刹那的なものではない。本質は永遠である。ただし、この本質の永遠性はあとから〔来世において〕おとずれるのではなく、持続における現実の存在と厳密に同時にあり、それと共存している。こうした永遠の個的・特異的な本質は、私たち自身のもつ〔神すなわち自然の力能の一内包的部分としての〕強度の部分であり、おのずからこれは永遠の真理としての一個の構成関係のうちに表現されているが、〔有限な〕現実の存在としての私たちは、持続においてこの構成関係のもとに私たちに帰属する外延的諸部分の集合体として存在しているからである。私たちがもし、現実に存在しているあいだに、自身の活動力能を増大させるようそうした諸部分を形成することができたとすれば、このとき同時に私たちは、他のものには依存しない、いいかえれば私たち自身の内包する強度の部分にしかもとづかない〔能動的・自己触発的な〕変様を、それだけ多く実地に味わっていることだろう。反対にもし私たちが、そうした自分自身を構成する諸部分や他のもののそれをたえず破壊し、分解しつづけたとすれば、この私たちの内包する永遠の部分、私たちの本質的な部分は、それ自体に由来する触発=変様をごくわずかしかもたず、またもちえないし、それにもとづく幸福などとうてい味わえないことだろう。それが、つまりは〈いい〉人間と〈わるい〉人間の最終的なちがいなのだ。ありようの〈いい〉人間、強い人間とは、存分に、高い強度をもっておのれの存在をまっとうし、生きながらにして永遠性をかちとってしまうような人であり、そうした人間にとっては死も、どこまでも外延上のもの、外部からおとずれるものでしかなく、たいしたことではなくなってしまう。したがって生態の倫理における試練は、〔来たるべき（=最後に待つ）〕延期された審判とはまったく反対に、道徳的秩序を〔あとから〕回復するのではなしに、各個の本質やその状態個々のもつ内在的な秩序を、即座にいま確認してゆくのである。総合して賞罰の裁きをくだすのではなしに、この倫理的試練は、どこまでも実地に私たち自身の化学的組成を分析するにとどまる（試金分析、あるいは〔同じ粘土からつくられる〕器のちがいの分析[*16]）のである。

私たちは三つの構成要素をもつ。すなわち　(1)　私たち個々の永遠の個的・特異的な本質。(2)　私たち固有のもろもろの（運動と静止の）構成関係、あるいは触発に対して私たちのもつもろもろの変様能力——どちらも、これまた永遠の真理である。(3)　持続におけるこの私たちの存在を規定している外延的諸部分——これは、それら個々が私たちの構成関係の一端を具現するかぎりにおいて（同様に、個々の外発的変様もそれが私たちの変様能力を満たすかぎりにおいて）私たちの本質に属している。「わるい」ことは、本性のこの最後の層のレベルでしか登場しない。わるいこと、これはある構成関係のもとに私たちに帰属していた外延的諸部分が、外から、別の構成関係のもとにはいるよう決定されるとき、あるいは、みずからの変様能力を越えた過大な触発＝変様が私たちをおとずれるときのことである。そのとき私たちは、自身の構成関係が分解されてしまう、あるいは自身の変様能力が破壊されてしまうといった言い方をする。けれども実際には、私たちの構成関係は外延的諸部分によって、また私たちの変様能力は外発的変様によって、たんに具現されなくなるというにすぎず、それら自体がその永遠の真理性を失うわけではない。私たちが〈わるい〉と呼ぶすべてのことは、まったく必然的ではあるが、しかし外からやってくる。偶発事の必然性である。死はどこまでも外からやってくるだけに、なおのこと必然的なのだ。まず第一に、現実の存在にはある平均的な持続の長さ〔寿命〕というものがある。ひとつの構成関係があれば、その具現には平均的な持続時間があるということだ。しかしそれ以上に、いつなんどきそうした具現は、偶発的な出来事や外発的変様によって中断されてしまわないともかぎらない。そのような死の必然性が私たちに、死は私たち自身に内在すると思いこませてしまうのである。けれども実際には、こうした破壊や分解はそれ自体としての私たちの構成関係にも、私たちの本質にもかかわってはいない。あくまでもそれは私たちの外延的な諸部分にかかわるにすぎず、それらの部分はこれまで一時私たちに属してきたが、いまや私たちのそれとは別の構成関係のもとにはいるよう決定されたのだ。そういうわけで、『エチカ』第四部では、一見自己破壊的にみえる現象がたいへん重視されている。じじつは、ある一群の部分が別の構成関係のもとにはいるよう決定されて、それが私たちの内部で異物、異分子としてふるまうようになるのである。これはまさに今日でいう「自己免疫性疾患」のケースであり、この場合には、一群の細胞がウイルスなどの外的要因によってその構成関係を乱され、そのために私たち自身の固有の体制（免疫システム）によって〔攻撃され〕破壊されてしまうことだろう。あるいは逆に、自殺の場合には、今度はそうした変調をきたした一群の部分のほうが優位に立ち、そのあらたな構成関係のもとに、他の諸部分に対してもこの私たち特有の体制を捨て去るよう促すことになる（「なんらかの隠れた外的な原因によって（……）その身体が触発され変様して、それまでの本性とは反する別の本性を帯びるにいたり……」[*17]）。こうして、あのスピノザの重用した中毒のモデルの普遍性があらためて確認されるのである。

なるほど私たちの外延的な部分も、外発的な変様も、それがこの私たちの構成関係〔あるいは変様能力〕の一端を具現しているかぎりは、私たちの本質に属している。しかし、それらはこの構成関係やこの本質そのものを「なしている」わけではない。それどころか、本質に属するとはいっても、その属し方にも二通りあるのである。「本質の変様」ということばは、まずはたんに〈客観的に〉〔すなわち思惟の対象のうえの展開として〕理解されなくてはならない。その変様は私たちの本質にもとづくのではなく、存在においてはたらく外的諸原因にもとづいているからだ。ところでそうした変様は、私たちの構成関係の具現を抑え、害する場合もあれば〔活動力能の減少としての悲しみ〕、それを促進し、強化する場合もある〔活動力能の増大としての喜び〕。そしてこの後者の場合にのみ、そうした外発的ないし「受動的」な変様は、同時に能動的な変様をともない、それによって裏打ちされるのである。この能動的変様は、まさに私たち自身の活動力能に〈形相的に〉もとづいており、私たちの本質に内在し、私たちの本質をなしている。それは能動的な喜び、本質自身による本質の自己触発的な変様であって、本質の変様というその属格の〈の〉もいまや自律的、自己原因的なものに変わるのだ。本質に属するということも、したがってここに、もはや悪も〈わるい〉こともはいりこむ余地のない、あらたな意味をもつにいたる。しかしこれは、そのとき私たちがただ自己の本質のみに還元されてしまうということではない。それどころか、こうした内発的、免疫的な変様こそ、私たちがおのれ自身や他のすべてのもの、そして神を、内からの自覚をとおして永遠的、本質的に意識するようになるときに（第三種の認識、直観）とる姿なのである。ところで、私たちが生きて存在しているあいだにそうした自己触発的な変様に達することが多ければ多いほど、私たちはたとえその存在を失っても、たとえ死に、あるいは苦しみさえしても、それによって失うものはますます少なくなる。そして、そうなればなるほど私たちは、じっさい悪はなにものでもないと、あるいは〈わるい〉ものは何も、ほとんど何も本質には属していないと、言い切れるようになることだろう。[*18]

# 第四章　『エチカ』主要概念集〔訳注〕

＊　愛―憎しみ〔憎悪〕(AMOUR-HAINE)　――→〈変様〉項参照。

＊　誤り（ERREUR）――→〈観念〉項参照。

＊　いい―わるい（BON-MAUVAIS）――〈いい〉と〈わるい〉は、二重の意味で相対的であり、どちらもたがいに他に対して、またどちらも一個の存在する様態に対していわれることである。これは、活動力能の変動がとる二つの方向なのだ。活動力能が減少をみること（この変化が悲しみである）、これは〈わるい〉。増大をみること（喜び）、これは〈いい〉（EⅣ41）。したがって客体的には、この私たちの活動力能を増大させるもの、促進するものがいいもの、それを減少させるもの、阻害するものがわるいものだということになる。ただ

私たち自身はそのいい・わるいを、ひとえに自分が意識する喜びや悲しみの感情をとおして認識するのである〔EⅣ8〕。活動力能は、私たちの変様能力〔触発に応じる能力〕をより多くのものごとへとひらくものであるから、「身体が、いっそう多くの仕方で触発され変様することができるよう仕向けるもの」〔EⅣ38〕、あるいはその身体特有の運動と静止の構成関係を保持させるもの〔EⅣ39〕が、いいものだということになる。いずれにせよ、いいものとは有益なものであり、わるいものとは有害なものである〔EⅣ定義1および2〕。しかし肝心なのは、この有益・有害をどうとらえるか、スピノザのそのとらえ方の独自性にある。

ひとことでいえば、いい・わるいは、個々の存在する様態間の出会い〔「自然の共通の秩序」、さまざまの外因的決定、偶然的な出会い［fortuito occursu］――EⅡ29の系および備考〕を表現している。すべての運動と静止の構成関係は、なるほど間接無限様態〔自然全体〕においてはひとつに組み合わさるかもしれない。しかし〔個々の有限な様態（個体）の出会いのレベルでは〕、ある物体または身体が、この私の身体を構成している諸部分を、あらたな――もはや私特有のそれと直接的には相容れない――構成関係のもとにはいるよう仕向けることも十分ありうる。死において起こるのは、まさにこれである〔EⅣ39〕。死は、不可避であり、必然的に私たちをおとずれるものではあるが、つねに外発的・偶然的な出会いの結果として

――この私の構成関係を分解してしまうような物体または身体との出会いの結果として、起こるのである。あの木の実を食べてはならぬという神のことばは、〔道徳的にそれを禁じたのではなしに〕ただたんにアダムに、あの木の実はわるいということ、すなわちアダムの構成関係を分解してしまうだろうということを、啓示したものにすぎない。「それはちょうど私たちが自然の光〔理性のはたらき〕をとおして、毒物は死をもたらすことを知るのと同じことなのです」（EP19ブレイエンベルフ宛、ならびにTTP第4章）。いっさいの悪・わざわいは〔この意味での〕わるいことに還元されるのであり、すべてのわるいことは、いうならば一種の毒、不消化や中毒に属するものなのである。私が自分の方からおこなう悪（わるいこと＝邪悪な行為）でさえ、それが悪であるのは、この私がある行動の表象像を、その行動を受ければそれ自体の構成関係が失われずにはおかないような、ある対象の表象像に〔観念のうえで〕結びつける、そのかぎりにおいてのことでしかない（EⅣ59備考）。

すべてのわるいことは、したがって、活動力能の減少（悲しみ―憎悪）によって測られ、すべてのいいことは、その同じ力能の増大（喜び―愛）によって測られる。悲しみを基調とするいっさいの情念〔受動的感情〕に対して、スピノザが徹底して闘い、根本からそれを告発しているのもそのためであり、スピノザはこれによって、エピクロスからニーチェにいたる大いなる系譜にその名をつらねているのである。人間の内的本質を、その外発的な、わるい出会いの方にもとめるなどということは、恥ずかしいことだといわなければならない。なんであれ、悲しみをうちに含むいっさいのものは、圧制と抑圧の道具となる。悲しみをうちに含むいっさいのものは、わるいものとして、私たち自身の活動力能からこの私たちを切り離してしまうものとして、告発されなければならないのだ。自責の念〔良心の呵責〕や罪の意識ばかりではない。死について考えること(EⅣ67)ばかりではない。希望でさえ、安堵でさえ、そこにはなにがしかの無力感が含まれているのである(EⅣ47)。

どんな出会いにおいても、複合・合一をみる構成関係は必ずあり、また間接無限様態においては、すべての構成関係が無限にひとつに組み合わさるとはいえ、なにもかもがいい、なにもかもが善であるというわけにはいかないだろう。〈いい〉といえるのは、およそ活動力能が増大をみるようなことすべてのことである。この観点に立てば、まさにそうした活動力能を、そしてまた認識の力能を、形相的に所有するにいたることこそが最高善(summum bonum)であることが見えてくる。そうであるからこそ〈理性〉は、ただ出会いを偶然にまかせるのではなしに、その構成関係が私たち自身のそれと直接ひとつに組み合わさるようなものごとやひとびとに、この私たちを結びつけようとする。すなわち理性は、最高の善、いいかえればすべてのひとびとに共通な「自己本来の利益（proprium utile）」を、追い求めるのである（EⅣ24―28）。しかし、私たちがこのみずからの活動力能の形相的所有に達するやいなや、そうした〈善〉、〈最高善〉といった、抜きがたく目的論的な錯覚と結びついた表現は姿を消し、純粋な力能すなわち〈徳〉についての議論（最終的な目的ではなく「最初〔にして唯一〕の基礎」）に席をゆずるにいたる。ここに、第三種の認識が展開されるのである。スピノザが「もし人間が自由なものとして生まれついていたら、自由であるあいだは、ひとびとは〈いい〉とか〈わるい〉といったことについて、なんの概念も形成しないことだろう」（EⅣ68）と述べているのも、そのためである。いい、これはどこまでも一個の存在する様態に対して、どこまでも一個の変動する、いまだ〔形相的に〕所有されていない活動力能に対して、いわれることであり、まさにそれゆえに、これを全体化することはできないのだ。〈善〉〈悪〉というかたちでこのいい・わるいを実体化してしまえば、結局はこの〈善〉を存在理由、活動の理由とし、いやでも目的論的な錯覚に陥ることになって、神からの産出の必然性を歪め、ひいてはこの神のまったき力能に対する私たちの参与の仕方を歪めてしまうことになる。〈悪〉はなにものでもない、〈善〉こそが存在の原理、活動の原理であると主張する、当時ひろく行われていたいっさいのテーゼとは根本的にスピノザが袂を分かつのも、そのためである。〈悪〉だけではない、〈善〉もまた意味をもたないのだ。〈善〉も〈悪〉も、たんなる思考上の存在、想像上の存在にすぎず、さまざまの社会的標徴や、褒賞と懲罰から成る抑圧の体制に、全面的に依存しているのである。

＊意識（CONSCIENCE）——観念のもつ、無限に分化し二重化してゆく特質。すなわち観念の観念。じじつすべての観念は、ある属性〔たとえば延長〕のうちに存在するなにかを表象しているが（その観念の対象上の実在）、その観念それ自身も、思惟属性のうちに存在するなにかであり（その観念の形相あるいは形相上の実在）、そのかぎりにおいてそれは、今度はその観念を〔対象上の実在として〕表象するもうひとつ別の観念の対象となるわけで、以下同様にしてそれがくりかえされる（EII21備考）。そこから、意識を特徴づける次の三つの性格も生まれてくる。すなわち (1) 反照〔反射・反省的性格〕。意識は主体のもつ道徳的な特質ではなく、観念そのもののもつ物理的な特質である。意識は、観念のうえへの精神の反照ではない。精神のうちにおける観念の反照なのである（TR34）。(2) 派生。意識は、それが意識する観念に対してどこまでも二次的なものであり、最初の観念がもつ以上の価値をもつわけではない。スピノザが、知るためには知っているということを知る必要はない（TR

35）が、知っているということを知らずに知ることはできない（ＥII21ならびに43）というのもそのためである。(3) 相関。意識〔観念の観念〕が、その意識している当の観念に対してもつ関係は、観念が、その認識している当の対象に対してもつ関係と同じものである（ＥII21）。とはいえ、観念と、観念の観念〔意識〕とのあいだには、たんなる思考上の区別しかないとスピノザが述べていることも事実である（ＥIV8証明、Ｖ3証明）。それはこの二つが、どちらも同じ〈思惟〉という属性に含まれてはいるが、それでいて両者は、ちょうど観念の対象と観念それ自体がそうであるように、二つの別の力能——存在する力能〔存在力〕と思惟する力能〔思惟力〕——に結びついてもいるからである。

意識は、どっぷりと無意識の海に浸かっている。というのは、(1) 第一にまず私たちは、自分のもつ観念しか、自分がそれをもつかぎりにおいてしか、意識していない。神は、たんにこの私たちの精神をかたちづくっているのではなく、他の無限に多くの観念によって触発され変様するが〔神の自己触発的変様〕、神のもつそうしたいっさいの観念は、本質的に私たちの手をのがれている。だから私たちは、自身の心そのものを構成しているもろもろの観念についても、自分自身についても、自身の持続についても、その意識をもたないのだ。私たちが意識するのは、ただ外部の体〔身体や物体〕がこの私たちの身体のうえにもたらす結果を表現している観念、いいかえれば〔自身の身体の〕触発による変様《アフェクチオ》の観念だけである（EII9以下）。(2) それにまた、観念だけが〈思惟〉の様態なのではない。コナトゥスや、このコナトゥスのさまざまな〔外因的〕決定、つまり情動《アフェクトゥス》もまた、心における思惟の様態である。ところが私たちは、触発による変様の観念がまさにコナトゥスを決定する、そのかぎりにおいてしかそれを意識〔自覚〕しない。そうして自覚されてはじめて、このコナトゥスから生じる情動も、それを決定する観念とまったく同様に、自己反照的な特質をそなえるにいたるのである（EIV8）。スピノザが〈欲望〉とは自覚されたコナトゥスであると定義し、この意識の原因は触発による変様であるとしているのも、そのためだ（EIII欲望の定義）。

意識は、したがって当然この私たちのもつ、歪められ、損なわれた、非十全な観念の意識であり、二つの根本的な錯覚の源となる。(1) 自由という心理的錯覚。意識はものごとの結果をおさえるだけで、その原因についてはそもそも無知なために、自分は自由であると思い込むことができる。そして、身体を実際に活動させているさまざまな原因に応じて、その身体自身が何を「なしうる」かを知りもしないのに、意識は、身体を支配する想像上の権力を精神に付与してしまうのである（EIII2備考、V序文）。(2) 合目的性〔目的因〕という神学的錯覚。意識はコナトゥスや衝動を、触発による変様の観念によって決定された情動のかたちでしかとらえないために、この変様の観念――外部の体がこの私たちの身体のうえにもたらす結果を表現している観念――こそが、真にもととなる最初の観念、真の目的的な原因であると思い込むことができる。そして、この私たちが自由であるとはいえない領域においてさえも、いっさいは、それを予見する神が手段―目的の関係に立ってそう按配したのだ、と思い込むことができるというわけだ。こうして欲望も、〈いい〉と判断されるものの観念がまず先にあって、そこから二次的に生まれるもののようにみえることになるのである(EI付録)。

まさしく意識は観念の反照であり、最初の観念がもつ以上の価値をもたないから、意識化〔自覚〕しても、その自覚はそれ自体としてはなんの力ももたない。けれども、虚偽は〔非十全な観念に含まれる認識の欠乏のうちに存するにすぎず〕それそのものが虚偽という形相をもつわけではないように、たとえ非十全な観念でも、それが反照されれば、必ずそこにはその観念のもつ積極的・肯定的な一面が姿を現してくる。たとえば太陽が二〇〇フィートの距離にあるということ、これは虚偽だが、それを見る私にとって太陽が二〇〇フィートの距離にあると見えるということ、これ自体は真実である(EII35備考)。この私たちが無意識の部分を認識してゆくうえで、いいかえれば身体が何をなしうるかを探究し、原因を決定し、共通概念を形成してゆくうえで、そのための調整原理の役割をはたすことができるのは、非十全な観念が意識においてもつ、まさにそうした積極的な核心の部分なのである。そして、ひとたびこうした十全な観念に達すれば、私たちは結果をその真の原因からとらえなおすようになる。いまや十全な観念の反照と化した私たちの意識は、おのれの味わった変様や情動から明瞭・判明な概念を形成することによって、意識そのものに根ざす錯覚を乗り越えることができるようになる〔EV4〕。というかむしろ意識はそうした受動的情動に対し、それとは原因によってのみ、思考上の区別によってのみ区別される能動的な情動をもって裏打ちすることによって、それを乗り越えるのだ〔EV3以下〕。これが、第二種の認識〔理性的認識〕の目標である。そして、さらに第三種の認識〔直観的認識〕がめざしているのは、神と、おのれ自身と、他のもろもろの個物の三者の〔十全な〕観念そのものの意識とおのれを化すこと、すなわち、それらすべての観念が、神のうちにおいてそうあるがままに、この私たち自身のうちで反照しあうようにさせることなのである〔「自己と、神と、もろもろの個物を〔永遠の必然性によって〕意識する（sui et Dei rerum conscius）」EV42備考〕。

＊ 永遠（ÉTERNITÉ）――存在が本質に含まれているかぎりにおいて〔いいかえれば実体に

おいて〕存在のもつ性格（EⅠ定義8）。すなわち存在は、本質がそれ自体永遠であるのとまったく同様に、「永遠の真理」なのであり、思考上の区別によって本質から区別されるにすぎない。したがって〈永遠〉は〈持続〉と対立する。持続とは、その存在が本質に含まれていない個々の様態〔＝実体の変様としての各個の身体や精神〕の存在についていわれることであり、たとえ無際限でも持続は、永遠とは別のものだからである。

しかし様態も、その本質そのものはある永遠のかたち、永遠の相（species aeternitatis）を有している。一様態の本質は、それみずからによってではなく、神を原因として、神の力によって存在するものではあるが、その本質固有の、ある必然的な存在をもっているからだ。したがって、〔神の属性の絶対的本性から生じる〕直接無限様態だけが永遠なのではない。その部分である〔各有限様態の〕個的・特異的な本質も、ひとつひとつみな永遠であり、他のすべての部分と無限に適合・一致をみるのである。それらすべての〔有限様態の〕持続における存在を律している間接無限様態についていえば、各個の様態がそのもとに合一をとげ分解をとげるもろもろの法則の総体が、ひとつの統一的な永遠の真理の体系を織りなしているかぎり、この間接無限様態もそれ自身は永遠であり、この諸法則に応じている各個の構成関係も、ひとつひとつみな永遠の真理である。スピノザが、精神は、身体の個的・特異的な本質を永遠の相のもとに考えるかぎりにおいて永遠であるというのも、またそれだけではなく、精神は、もろもろの存在する個物を共通概念から――すなわち、存在におけるそれら各個の合一と分解を決定している〔それ自身は〕永遠な構成関係のもとに――考えるかぎりにおいて永遠であるというのも、そのためである（EV29証明「そしてこの二つ〔の認識のあり方〕のほかには、精神の本質に属するものは何もない（et praeter haec duo nihil aliud ad mentis essentiam pertinet)」)。

しかし、永遠な存在と（たとえ無際限でも）持続する存在とのあいだには、本性上の相違があることに変わりはない。というのも、すべての存在する様態は一定の構成関係にもとづいて生まれ〔＝存在を開始し〕、死をむかえ、合一をとげ分解をとげるわけだが、〈持続〉は、様態がそうした構成関係を具現するにいたってはじめて、そのかぎりでいわれるにすぎないからである。この構成関係それ自体は、いわんやまたそれら個々の様態の本質は、永遠であり、持続において存在するのではない。個的・特異的な本質の永遠性は、思い出されるもの〔記憶の対象〕でもなければ、予感されるものでも啓示されるものでもなく、文字どおり現実に経験されるものである（EV23備考）のも、そのためだ。この永遠性は、心〔精神〕の一部分の存在に、換言すればその心のもつ、個的・特異的な本質をなす強度的＝内包的部分と、それのもつ特有の構成関係〔の存在〕に対応しており、他方、持続は、その同じ構成関係のもとにこの心に一時的に〔限られた時間のあいだ〕帰属している外延的諸部分に、かかわっているのである（この二種類の部分の区別についてはEV38、39、40を参照せよ）。

永遠の相（species aeternitatis）という表現のこの相（species）ということばは、つねに、ある概念ないしは認識を指し示している。永遠の相のもとに（sub specie aeternitatis）しかじかの身体の本質を、あるいはものごとの真理を表現しているのは、つねに、ある観念なのである。これは、そうした本質一般、真理一般が、それ自体としては永遠でないということではない。それらは永遠だが、それみずからによってではなく、その原因〔神〕によってそうなのであり、そうした永遠性——原因に由来する永遠性——をもつからには、それらはこの原因から必然的に考えられ〔認識され〕なければならない、ということなのだ。この相（species）ということばは、したがって、形相と観念、形相と考え方〔＝概念の形成〕の双方を同時に意味し、この二つを分離することはできないのである。

＊　開展〔＝説明〕する—包含する（EXPLIQUER—IMPLIQUER）——開展〔＝説明〕するという語は、スピノザの場合、本来の「強い」意味で用いられている。ものごとの外部で、知

性がくりひろげる作業ではなく、知性の内部で、ものごとがくりひろげる作業を意味しているのである。証明さえ、精神の「眼」であると、すなわちものごとそれ自体の運動を見てとるものだといわれている。開展とは、つねに自己開展、発展、展開、ものごと自身のもつダイナミズムであり、ものごとはみずからを開展する〔おのずから開展される〕のである。実体は、もろもろの属性のうちにおのずから開展され、属性は、この実体を開展している。その属性もまた、それら自身は、さまざまな様態のうちにおのずから開展され、個々の様態は、この属性を開展している。とすれば包含《インプリカチオ》も、けっして開展《エクスプリカチオ》と反対のことではない。開展するからには包含もする、くりひろげるからにはうちに含みもする。自然におけるすべては、この二つの運動が共存して成り立っている。自然とは、まさにそうした開展と包含の織りなす、両者に共通の秩序なのである。

　開展と包含とが分離してしまう場合はひとつしかない。それが非十全な観念の場合である。非十全な観念は、この私たちの理解する力能を包含してはいるが、それによって開展されはしない。この観念は私たちの外部にあるものの本性を含んではいるが、それを開展しはしない（EⅡ18備考）。これは、非十全な観念はつねにもの相互の混合から生まれ、ある体〔身体・物体〕が他のうえにのこす結果しかとどめないからであり、この観念には原因に及ぶ

「理解〔＝包括的把握〕」が欠けているからである。

じっさい、理解する〔＝包括する・把握する〕ということ、これこそが開展と包含の二つの運動を根本で支え、それを解く鍵を与えている。実体はすべての属性を包括し（本性としてそなえ）、属性はすべての様態を包括して（内容として含んで）いる。開展と包含の同一性をその底で支えているのは、この包括なのである。こうしてスピノザは、神を「コンプリカチオ〔万物の包摂〕」によって定義した中世・ルネサンス期の伝統を、そのまま取りなおす。神はいっさいのものを包摂しているが、同時にいっさいのものは、神を開展し、包含しているというのである。

とはいえ、やはり包括〔＝理解〕、開展〔＝説明〕、包含〔＝含意〕は、知性の作業を示してもいる。それらはみな、〔思惟（知性や観念）の〕対象上は、その意味をもつからである。知性は、神のもろもろの属性や様態を、文字どおり「把握〔＝理解・包括〕」し（EⅠ30、Ⅱ4）、十全な観念はものの本性を把握する。だがまさに、こうした対象上の意味も、その形相上の意味から〔いいかえれば、実在のうえでものごと自身がとる展開のかたちから〕生まれている。「知性のうちに、その対象として包容されるものは、必然的に自然のうちに〔すなわち形相としても〕存在していなければならない」（EⅠ30、Ⅱ7系）。理解〔＝把握〕するとは、どこまでも、必然的に存在するなにかをとらえることなのだ。スピノザにとって、理解するとは、なにかを可能的なものとして心にいだくのとはまったく別のことである。神は可能的なものごとを心にいだいているのではない。神は、そのあるがままにみずからを必然的に理解し、みずからを理解するがままにすべてのものを産出し、同時に、その形相――神がそのようなものとしてみずからを理解し、またすべてのものを理解するその理解のかたち――それ自体〔神における〕観念〕を産出する。まさにその意味で、いっさいのものは、形相のうえでも思惟の対象のうえでも、神の開展であり、神を包含しているのである。

＊ 可能的（POSSIBLE）――→〈知性〉項、〈必然〉項参照。

＊ 神の観念（IDÉE DE DIEU）――→〈知性（無限知性、神の観念）〉項参照。

＊ 感情（SENTIMENTS）――→〈変様、情動〉項参照。

＊ 観念（IDÉE）――思惟の一様態。思惟は、ほかにも〔感情や知性など〕さまざまな様態を

とりうるが、観念は他のすべてに先立つ第一の様態であり、それらからは区別される〔EII公理3〕。たとえば愛は、その愛するものの観念を――どれほどそれが混乱した観念であれ――前提としている。観念はあるもの、ないしはある事態を表象しているが、感情〔情動《アフェクトゥス》〕は、そうした状態の変動に応じて起こる、より大きなあるいは小さな完全性への移行を含んでいるからである。したがって観念は感情に先立つと同時に、その本性も異にしている。

観念は表象する。しかし私たちはここで、みずからのありようとしての観念〔身体の観念としての精神〕と、みずからのもつ〔通常の意味での〕もろもろの観念を、区別しなければならない。私たち自身のありようとしての観念、これは神のうちにあり、神がそれを十全なかたちで所有している。ただたんに神がこの私たちをかたちづくっているからではない。神は、同時に他の無限に多くの観念に変様しており、そのかぎりにおいて私たちのこの十全な観念をもつのである〔他の無限に多くの観念とは、そのすべてが私たちの本質と一致・適合をみる他のいっさいの本質の観念であり、無限に私たちの存在に原因としてつらなる他のいっさいの存在の観念である〕。そうした十全な観念を、したがって私たちは直接もつわけではない。私たちが、そのかぎられた知覚の自然的条件のもとで、ただひとつもつ観念は、私たちの身に起こることを、いいかえれば他の体〔物体または身体〕が私たち自身の身体のうえにもたらすその結果――すなわちこの二つの体の混合物――を表象する観念であり、これは必然的に非十全な観念であらざるをえない（EⅡ11、12、19、24、25、26、27……）。

　そのような観念が、像〔表象像〕である。というより像は、そうした身体的・物体的な、触発による変様（アフェクチオ）そのものであり、外部の体がこの私たちの身体のうえにのこす痕跡である。私たちのもつ観念は、そうしたもろもろの像の観念、変様の観念なのであり、この観念はひとつの事態を表象している。いいかえれば、こうした観念によって私たちは、自身の身体がその刻印をとどめているあいだは、その体を現前するものとして定立するのである（EⅡ17）。(1)　これが、標徴〔記号〕としての観念である。この観念は、私たちの本質すなわち力能によっておのずから開展〔＝説明〕されるものではなく、私たちの現在の状態を、さらには痕跡からのがれられないこの私たちの無力を、指示しているにすぎない。この観念は、外部の体の本質を表現するものではなく、その体の現前と、その体が私たちにもたらす結果とを、指示しているにすぎない（EⅡ16）。そのような観念をもつとき、精神は〈想像する〔像としての観念を形成する〕〉といわれるのである（EⅡ17）。(2)　これらの観念は、ある秩序、まずは記憶や習慣の秩序にしたがってたがいに連結し、連鎖をかたちづくる。

たとえば、かつて身体が同時に二つの体によって触発されたとすれば、その一方の痕跡は〔それが再び表象されるとき〕、精神にもう一方の体も想起させるようになる（EII18）。こうした記憶の秩序はまた、身体や物体のあいだの外発的・偶然的な出会いの秩序でもある（EII29備考）。したがってそうした出会いが恒常性を欠いていればいるほど、想像は揺れ動き、標徴も多義的なものとなる（EII44備考）。それゆえ想像力は、私たちの変様がそうした種々さまざまの不安定な体を混合しているかぎりにおいて、たとえば翼ある馬のようなまったくの虚構概念をつくりだし、また外見は類似した個々の体のあいだの差異を取り逃がすかぎりにおいて、想像力は、たとえば〈種〉や〈類〉のような抽象概念をつくりだすのである（EII40および49）。

十全な観念は、それとはまったくちがう。これは真の観念、神のうちにあると同じようにして私たちのうちにある観念である。十全な観念はもう、事態や私たちに起こることを表象しているのではない。この私たちが何であり、他の個物が何であるかを、表象しているのである。いっさいのこうした十全な観念は、私たち自身の観念、神の観念、他のもろもろの個物の観念を三つの頂点とする、ひとまとまりの体系をかたちづくる（第三種の認識）。いいかえれば、まず(1)これらの十全な観念は、私たちの本質、すなわちこの私たちのもつ力能――認識し理解する力能――によって、おのずから開展される（形相因）。十全な観念はまた、同時に原因としての他の観念、さらにはそうした原因の決定因としての神の観念を、表現している（質料因）。(2) こうした十全な観念は、したがって、思惟属性における観念間の自律的な連鎖と切り離すことができない。形相と質料を結びつけているこの連鎖、あるいは連結（concatenatio）、これは知性の秩序であり、この秩序が精神を一種の自動機械（精神の自動機械）たらしめているのである。

観念は表象する。しかし観念のこの表象性（観念がその対象のうえでもつありよう）は、なんら観念の本性を開展しているわけではなく、反対に、観念自身の内的な特徴からその表象性が生じていることにここで注意しよう（EⅡ定義4）。スピノザのいう「十全」、これはデカルト流の〈明晰・判明〉とは、ことばはそれを踏襲してはいても、まったく別のものである。観念の形相は、心理的な意識の側にではなく、意識を越えた、観念それ自身の論理的な力能の側に求められ、観念の質料も、表象内容ではなしに、その表現の内容のうちに、いいかえれば観念がそれをとおして他のもろもろの観念や神の観念に差し向けられる認識論的な質料のうちに、それが求められているからであり、最後にもうひとつ、観念のもつこうした論理的力能と認識論的内容、その開展と表現、形相因と質料因とは、思惟属性そのものの自律性と思惟する精神そのものの自動性のうちにひとつに結びついているからである。十全な観念がなにかを真に表象し、十全な観念がものごとの秩序と連結を表象するのは、どこまでもただ、この観念が、その形相上の自律的な秩序と、その質料上のもろもろの自動的な連結を思惟属性においてくりひろげるからであり、そのかぎりのことでしかない。

とすれば、非十全な観念、あるいは想像〔像としての観念の形成、感覚的認識〕に、何が欠けているかは明らかだろう。非十全な観念は、いわば前提のない結論のようなものである（EII28証明）。この観念は、形相上、私たちの理解する力能によっておのずから開展されるものではないし、質料のうえでも自身の原因を表現しておらず、他の諸観念との連結《コンカテナチオ》に到達するどころか、ただひたすら偶然的な出会いの秩序に従っているために、形相的にも質料的にも前提を欠き、そこから切り離されているからである。まさにその意味で、虚偽には形相がない、虚偽をそれ自体としてかたちづくるような積極的なものは〔観念のうちには〕なにもない（EII33）。だがしかし非十全な観念のうちには、なにか積極的なものがある。たとえば私が二〇〇フィートの距離に太陽を見るとき、私のもつこの知覚、私に触発によって生じるこの変様は、それを開展〔＝説明〕するもろもろの原因から切り離されてはいるが、太陽が私のうえにもたらす結果を表象してはいるからである（EII35備考、IV1備考）。非十全な観念のうちにある積極的なもの、これを明確にするにはこういわなければならない。すなわちこうした非十全な観念は、私たちの理解する力能によっておのずから開展されるわけではないが、最も低い度合のこの力能を含んではおり、その観念自身の原因を表現してはいないが、それを指示してはいるのだと（EⅡ17備考）。「精神は想像するから誤りをおかしているのではない。ただ精神が、自身に現前していると想像するものごとについて、その存在を排除する観念を欠いているとみられるかぎりにおいてのみ誤りをおかしているのである。というのももし、精神が存在しないものごとを自身に現前していると想像するとき、同時にそれが実際には存在しないことを知っているとすれば、精神はこの想像する力能を自身の本性の欠点ではなく、かえって長所であるとみなすことだろうからである」（EⅡ17備考）。

したがって問題は、自然的条件によれば非十全な観念しかもてないよう決定されていることの私たちが、いかにして十全な観念をもち、それを形成することができるようになるかというその一点にしぼられてくる。ここまで私たちは、どうしたらそれに到達しうるかはまったく考えずに十全な観念を規定してきたのだった。この答えは、共通概念の産出によって与えられることになろう。しかしここでもスピノザは、いかにして私たちがそれを産出しうるかを示す（『エチカ』第五部）まえに、まず共通概念とは何であるかを規定することから出発している（同第二部）。この問題については、またあとで〔「共通概念」の項で〕考察することにしよう。だが観念は、十全であれ非十全な観念であれ、つねになんらかの感情（情動《アフェクトゥス》）の派生をともなっている。感情は、観念とは本性を異にするが、観念から、いわばそれを原因として生じるからである。したがって十全・非十全という語は第一にまず観念を形容するが、第二に原因の形容にも用いられるのである（EⅢ定義1）。十全な観念は、この私たちの理解する力能によっておのずから開展される以上、十全な観念をもてば私たちは、私たちみずからがそこから生まれる感情の十全な原因とならずにはおかない。この感情は、したがってまた能動的である（EⅢ定義2）。これとは反対に、私たちが非十全な観念をもつあいだは、私たちは自身の感情の非十全な原因であるにすぎず、この感情も受動的感情にとどまるのである（EⅢ1ならびに3）。

＊ 幾何学的存在（ETRES GÉOMÉTRIQUES）――→〈共通概念〉項、〈抽象概念〉項、〈方法〉項参照。

＊ 共通概念（NOTIONS COMMUNES）――共通概念（EⅡ37―40）という呼び名は、それ

がすべての人々の精神に共通だからではなく、まずはそれが身体または物体相互に共通ななにかを表すところからきている。すべての体に共通というのでもよいし（延長、運動と静止）、いくつかの体（私自身と他の最少限二つの体）に共通というのでもよい。その意味でこれは抽象的な観念ではまったくなしに、一般的な観念であり（それはいかなる個物の本質も構成しない——EⅡ37）、及ぶ範囲に応じて、すなわちそれがすべての体にあてはまるか、いくつかの体にあてはまるにすぎないかに応じて、その一般性には大小のちがいがありうる（TTP7章）。

個々の存在する身体や物体は、各体のもつ一定の運動と静止の構成関係によって特徴づけられる。二つの体は、互いの構成関係がひとつに組み合わさるとき、より高次の力能をもつ一個の集合体、部分を越えた一個の全体を形成する（たとえば、乳糜とリンパを部分として血液がかたちづくられるように——EP32オルデンブルク宛）。ひとことでいえば共通概念は、二つまたはそれ以上の体のあいだの構成的合一を、そしてそのような合一にもとづく構成上の統一を表している。その意味は数学的というよりむしろ生物学的であり、存在する体どうしの適合・一致や構成的合一の関係を表現しているのである。共通概念が各個の精神にとって共通であるということは、あくまでもそのうえでいえる二次的なことにすぎないが、その場合でもやはり共通性には大小の範囲がある。精神にとってそれが共通であるのは、その精神の〔対象たる〕身体がそうした構成的合一や構成上の統一にかかわっているかぎりでのことだからだ。

すべての身体や物体は、たとえたがいに適合しない体どうしでも（たとえば毒と、それで中毒をおこす身体のように）、なにかある共通なものをもっている。それが延長であり、運動と静止である。間接無限様態の観点からすれば〔すなわち実体の属性である延長や、その直接無限様態である運動と静止がとるさまざまな変様形態としての個物という点では〕、すべてのものはひとつに組み合わさるからだ。不適合は、けっしてそれら各体が共通にもつもの
から生まれるのではない（EⅣ30）。いずれにせよ、こうして一般性の最も大きい共通概念を考えてみれば、どこで適合が終わり、どこで不適合が始まるか、どのレベルで「相違や対立」が形成されるかが、内側から見えてくることだろう（EⅡ29備考）。

共通概念は必然的に十全な概念である。じっさいそれは構成上の統一を表し、部分でも全体でも同じように存在しており、したがって十全なものとしてしか考えられないからである（EⅡ38、39）。しかし問題は、ではいかにして私たちはそれを形成するにいたるかということである。この観点から見るとき、共通概念のもつ一般性の大小がきわめて重要になってく

る。いくつかの箇所でスピノザは、あたかも私たちが一般性のより大きい概念からより小さいそれへと進むかのように語っている（TTP7章、EⅡ38、39）。けれどもこれはその適用の秩序の話であり、私たちは一般性の小さいどのレベルで不適合が出現するかを内側から理解するべく、一般性のより大きい概念から出発するのである。したがってこの場合には、共通概念は所与として前提されている。共通概念の形成の秩序はこれとはまったく異なる。というのは、この私たちは、みずからの身体と適合する体と出会うとき、そこにある何が自身と共通であるかはまだ十全に認識するにいたらなくとも、すでに受動的情動としての喜びの感情を味わっている。自身の身体と適合しない体との出会いから生まれる悲しみの感情は、私たちをけっして共通概念の形成に向かわせはしないが、活動力能、理解〔包括〕する力能の増大にほかならないこの喜びの感情は、私たちをそれに向かわせてくれる。喜びの感情は共通概念の誘因となるのである。〈理性〉が以下に述べるような二通りの仕方で定義されるのもそのためであり、これは人間が生まれながらに理性的なのではないことを、いかにしてそうなるのかを、示している。〈理性〉とは、(1) いい出会いを、いいかえればこの私たちとひとつに組み合わさり、私たちに喜びの受動的情動（理性と適合する感情）を起こさせるような諸様態との出会いを、選択し秩序立てようとする努力であり、(2) 共通概念を、いいかえればそうした合一をとげるようなもろもろの構成関係を、知覚し理解することである。そこから他のもろもろの構成関係も演繹され（理性による推論）、またそこから出発してあらたな、今度は能動的な感情（理性から生まれる感情）も味わわれるのである。

『エチカ』の第二部は共通概念の論理的適用の秩序にとどまっているが、第五部の冒頭で、はじめてスピノザはその形成の秩序もしくは生成の過程を提示するにいたる。(1)「私たちが自身の本性に反する情動（悲しみの情動）によって支配されずにいるうちは……」、私たちは共通概念を形成しうる力をもつ（EV10参照——先行する諸定理と同様、この定理もはっきりと共通概念を引き合いに出している）。したがって第一段階の共通概念は一般性の最も小さい共通概念であり、これはこの私自身の身体と、私を触発して受動的情動としての喜びを引き起こす他の体とのあいだの、なにか共通なものを表している。(2) そうした共通概念から今度はあらたな喜びの情動、もはや受動ではない能動的な喜びの情動が生じてくる。当初の受動的情動もこれによって、ある点では倍加され、ある点ではとって代わられるのである。(3) このような第一段階の共通概念とそれにもとづく能動的な情動が、さらに一般性の大きい共通概念を形成する力を私たちに与えてくれる。この私たち自身の身体と、もはやそれに適合せず、それに反し、それを触発して悲しみを引き起こすようなもろもろの体とのあいだにさえある、なんらかの共通なものを表現する概念の形成である。(4) そして、再びこのあらたな共通概念からあらたな喜びの情動が生じてくる。それが悲しみをしのぎ、悲しみから生まれる受動的情動にとって代わるのである。

　共通概念の理論の重要性は、いくつかの観点から評価されなければならない。(1) この理論は『エチカ』以前には姿をみせていない。この理論の登場によって、スピノザ哲学の〈理性〉をめぐる考え方そのものが大きく変わり、第二種の認識の身分も確定をみたのである。(2) この理論は、知覚の自然的条件からすればやむなく非十全な観念をもつしかない私たち人間が、いかにして、またどのような秩序をもって十全な観念を形成するにいたるのかという根本的な問いに答えている。(3) この理論は、スピノザ哲学の最も根底的な再編成を引き起こした。『知性改善論』は、いまだ虚構性を帯びた幾何学的な観念から出発してしか十全な観念に達しなかったが、共通概念は具体的な実在そのものの数学をつくりあげ、これによって幾何学的方法も、その行使に制約を与えていた虚構や抽象観念から解放されたのである。(4) 共通概念は、存在するかぎりでの各様態にのみかかわり、なんらそれら個々の特異的な本質をなすものではないという意味では、一般的概念である（EⅡ37）。しかしこれは、けっして虚構でも抽象的な概念でもない。共通概念は、存在する様態ないし個体各個のあいだに成り立つ実在の構成関係どうしの合一を表しているからである。幾何学はたんに抽象的に（in abstracto）構成関係をとらえるにすぎないが、共通概念はそのあるがままに、いいかえれば各生物体のうちに必然的にそれが体現され、それがさまざまに変化する具体的な関係諸項のあいだで築かれるがままに、そうした構成関係を私たちにとらえさせてくれる。まさにその意味で、共通概念は数学的というよりむしろ生物学的な概念であり、この私たちに全自然の構成上の統一とその一なる自然の多様な変化の様態を理解させてくれる、いわば自然の幾何学をかたちづくるのである。

共通概念のもつ中軸的性格は、第一種と第三種の中間に位置するその「第二種の認識」という表現によく示されている。しかしそれぞれとの関係そのものはまったく別で、対称をなしているわけではない。まずこの第二種の認識の第三種に対する関係は、次のようなかたちをとって現れる。共通概念は十全な観念、つまり私たち人間においても神においても同様に存在する観念であり（EⅡ38、39）、必然的にこの私たちに神の観念を与えてくれる（EⅡ45、46、47）。神の観念は最も一般性の大きい共通概念についても通用する。それはすべての存在する様態に最も広く共通するものを表現しているが、すべての様態は神のうちにあり神によって産み出されるからである（EⅡ45備考。また特にEⅤ36備考——全『エチカ』が、第三種の認識に関するこの第五部の一連の定理にいたるまで、一貫して共通概念の視点から書かれていることがここで確認される)。神の観念は共通概念の代わりとなり、第二種の認識固有の感情や宗教の対象とさえされる(EV14—20)。とはいうものの、しかし神の観念はそれ自体としては共通概念ではないし、スピノザもそれを共通概念とははっきりと区別している(EII47備考)。まさしくその理由は、神の観念が神の本質を包括しており、個々の存在する様態間の構成的合一に関してのみ共通概念としてはたらくにすぎないからである。いいかえれば共通概念は必然的にこの私たちを神の観念へと導くが、これはすべてが一転する地点までそれが私たちを連れていってくれるということなのだ。その地点で、第三種の認識が私たちに神の本質と個々の実在の個的・特異的な本質との相関を発見させ、神の観念のあらたな意味と、この第三種の認識をかたちづくる一群のあらたな感情ももたらしてくれることだろう(EV21—37)。したがって第二種と第三種の認識とのあいだには断絶はなく、神の観念の一側面から他への移行があるにすぎない(EV28)。私たちはここに、共通概念のもつ能力としての、あるいは事物の存在に関する永遠真理の体系としての〈理性〉を越えて、本質の真理の体系としての直観知の世界に踏み込むのである(ときにそれが意識とも呼ばれるのは、ここにいたってはじめて諸観念がこの私たちのうちで、神のうちにおいてと同様に無限に重層化し反照しあい、私たちに自身の永遠性を実地に体験させてくれるからである)。

第二種の認識と第一種との関係に移ろう。断絶があるとはいえ、ここにも次のような関係が現れてくる。共通概念は、もっぱら存在する身体や物体にのみ適用される以上、像として想像・表象されうる事物にかかわっている(神の観念がそれ自体としては共通概念ではないのは、そのためでもある――EII47備考)。共通概念はそれら各個の構成関係の合一を表しているからだ。ところでそうした構成関係は、各体がたがいに他と適合しあい、ひとつの集合体をかたちづくり、たがいに他と触発しあうかぎりにおいて、それら各体を特徴づけているものであり、各体はたがいに他のうちにその触発による「像」をのこす。この触発像の形成に対応する観念が想像もしくは表象である。共通概念そのものはたしかに、そのような像あるいは想像・表象ではけっしてない。この概念は〔外発的な観念ではなしに〕適合理由の内発的な理解にまで達するからである(EII29備考)。しかしながら共通概念はこの想像ないし表象と二重の関係をもって結ばれている。一方ではまず外的な関係をもって。というのは、そうした想像ないし表象つまり身体の変様の観念は、十全な観念ではないけれども、この私たちのうえに私たち自身の身体と適合する体がのこす結果を表現している場合には、その適合を内側から十全に理解する共通概念の形成を可能ならしめるからである。他方ではまた内的な関係をもって。というのはこの想像ないし表象は、共通概念が内的な構成関係によって開展〔=説明〕するものを、各体が他のうえにのこす外的な結果として把握するからである。したがって、そうした想像ないし表象のもつ特徴と共通概念のそれとのあいだには一定の調和が必然的に成り立っており、共通概念はそのような想像ないし表象の特質をその足がかりとしているのである（EV5—9）。

＊ 虚偽（FAUX）⟶〈観念〉項参照。

＊ 虚構（FICTIONS）⟶〈抽象概念〉項参照。

＊ 原因（CAUSE）——「自己原因とは、その本質が存在を含むもの、いいかえればその本性が存在するとしか考えられないもののことである」（EI定義1）。スピノザはある意図をもって、こうして『エチカ』を自己原因の定義から始めている。自己原因という概念は、伝統的には、ある結果を生じさせるものとしての原因〔作用因〕とその結果との因果関係（この場合、原因はその結果とは当然区別される）からの類比によって、あくまでもその派生的

な用法として、きわめて慎重に用いられてきた。自己原因とはいっても、「原因によってのように」というほどの意味しかもたなかっただろう。スピノザはそうした伝統をくつがえして、自己原因こそがすべての原因―結果関係の原型であるとした。因果性の本義はそこにあり、それに尽きるというのである。

しかし作用因的な因果関係が消えてしまうわけではない。その結果が、本質においても存在においても原因の本質と存在から区別されるケースにせよ、結果自身がみずからの本質とは区別される存在をもち、その存在の原因をたどればなにか他のものに帰着するケースにせよ、結果が原因から区別される場合には、そこにこの作用因的な関係が残っている。たとえば、神はすべてのものの原因であり〔第一のケース〕、またすべての存在する有限なものは、他の有限なものを、その存在と活動の原因としてもつ〔第二のケース〕のである。本質においても存在においても異なるとすれば、原因と結果〔神と万物〕のあいだにはなんの共通性もないということもできるだろう（EⅠ17備考、EP64シュラー宛）。にもかかわらずしかしそこには、別の意味では、たしかになにか共通なものがある。それが〈属性〉であり、この属性において結果は産み出され、属性をとおして原因ははたらくのである（EP4オルデンブルク宛、同64シュラー宛）。ただし属性は、原因である神の本質をなしてはいても、結果〔各個物〕の本質をなしているわけではなく、あくまでもこの結果の本質に含まれているにすぎない（EⅡ10）。

神が、自身の本質をなしているその同じ属性において〔万物を〕産出するということ、まさにこのことから、神は自己原因であるというのと同じ意味で万物の原因であるということが導かれる（EⅠ25備考）。神は存在するがままに産出するのである。こうして、属性の一義性（実体の本質をなしている属性は、当の実体についても、またその属性をみずからの本質のうちに含んでいる個々の産出物についても唯一同一の意味で語られる）は、原因の一義性（「作用因」は「自己原因」と同じ意味で語られる）にそのまま引き継がれることになる。まさにそうすることによってスピノザは伝統を二重に逆転している。もはや作用因は原因の原義ではなくなるからであり、また、もはや自己原因が作用因とは異なる意味で言われるのではなく、作用因こそが自己原因と同じ意味で言われるからである。

存在する有限なものは他の有限なものを原因としてもつ。しかしこれは有限なものが、一方では水平に無際限な因果の連鎖をとおして他のものにつながり、他方では垂直に神につながる二重の因果性に従っているというべきではない。そのような連鎖のどの項をとっても、そこにはそれぞれの原因がその結果をもつよう決定する者として神が存在しているからだ

（E I 26）。したがって神はけっして遠隔原因ではなく、原因をさかのぼればすぐ手前にある最初の項ですでに私たちは神に届いているのである。ひとり神のみが原因であり、すべての因果性はその形態こそちがえ（自己原因、無限に多くのものの作用因、有限なもの相互間の作用因）、その意味はひとつ、様相はひとつ〔必然的〕である。こうしてただひとつの意味、ただひとつの様相においてとらえられるとき、原因は本質的に内在的なものとなる。いいかえれば、原因は結果を産み出すが、（超越的原因とはちがい）原因が自己の外にその結果を生じるのではないし、また（発出的原因とはちがい）結果が原因そのものの外に出てゆくのでもないということである。

＊　限定（DÉTERMINATION）――→〈否定〉項参照。

＊　権利（DROIT）――→〈社会〉項、〈力能〉項参照。

＊　肯定〔定立〕（AFFIRMATION）――→〈否定〉項参照。

＊ 個体（INDIVIDU）――ときにはこの用語は、思惟属性における観念と、特定の属性〔延長属性〕におけるその対象とが一体であることを示す（EⅡ21備考）。しかしもっと一般的には、任意の属性において存在する様態がかたちづくる複雑な編成を、このことばは指し示している。

じじつ、まず(1)様態は、個的・特異的な本質をもつ。いいかえれば、ある力能の度、強度的・内包的な部分――永遠な部分（pars aeterna）（EV40）――をもっている。どの本質も、それらひとつひとつは絶対的に単純で〔部分には分かれず〕、他のすべての本質と一致・適合をみる。(2)こうした本質は、各様態特有の構成関係のうちにおのずから表現されるが、この構成関係も（たとえば延長における運動と静止の一定の構成関係）、それ自体はやはり永遠の真理――存在にかかわる永遠の真理である。(3)様態は、この構成関係が現実に無限に多くの外延的諸部分を包摂するとき、存在〔存在する様態〕へと移行する。それらの外延的諸部分は、これにあずかる外的なさまざまの決定要因のはたらきによって、その様態の構成関係のもとにはいるよう、あるいはそれを具現するよう決定されるのである。様態は、こうした外延的諸部分が別の構成関係――その様態のそれとは相容れない構成関係――のもとにはいるよう、外部から決定されるとき、存在することをやめる。持続とは、したがって構成関係それ自体についてではなく、しかじかの構成関係のもとでの現実的諸部分の帰属についていわれるのである。ひとつひとつの力能の度も、それが様態おのおのの本質をなしているかぎりでは、すべてがたがいに他と一致・適合をみるが、存在においては、必然的に闘争状態にはいることになる。ある構成関係のもとにひとつの力能の度に帰属している外延的諸部分は、あらたな構成関係のもとに、他の力能の度にそれを奪い取られることがありうるからである〔EⅣ公理、ならびにV37注解〕。

したがって一個体〔存在する個体〕は、つねに無限に多くの外延的諸部分から――それらの部分が、一個の様態の個的・特異的な本質に、特有の構成関係のもとに帰属するかぎりにおいて――成り立っている〔EⅡ定理13以下〕。これらの部分（最単純体〔構成素体〕corpora simplicissima）それ自身は、しかし個体ではない。それらは、個々には本質をもたず、ひとえに外的な決定条件によって規定され、どこまでも無限に多数が組となって進行するからである。それらは、それ自身は個体ではないが、そのなかの無限数がしかじかの様態の本質を特徴づけるしかじかの構成関係のもとにはいるとき、そのかぎりにおいて一個の存在する個体をかたちづくる。存在において様態のとる無限に多様な様相の質料を、これらの外延的要素はかたちづくっているのである。マイエル宛の書簡〔EP12〕で、大小のちがいがあり、なんらかの限界をもつものにかかわる無限集合として規定されているのは、まさにそうした〔無限に多くの要素から成り、全体としては有限な大きさをもつ〕無限集合のことである。じっさい、二つの存在する様態があって、一方が他に倍する力能の度をもつとすれば、その様態は特有の構成関係のもとに他方の二倍の無限数の部分をもつであろうし、その相手をおのれの一部分として遇することさえあるかもしれない。むろん二つの様態が存在において出会えば、そこでは、両者の構成関係がたがいに他の分解にはたらくか、それともたがいに他と直接ひとつに組み合わさるかに応じて、一方が他方を破壊することも起こり、一方が他方の存続をたすけることも起こりうる。しかしどんな場合にも、どのようなかたちで出会おうと、必ずそこには合一・形成をみる構成関係がある。そこには、永遠の真理〔自然の法則〕としての構成関係の合一・形成の秩序があるのである。したがってこの秩序の観点に立てば、〈自然〉全体も、それらいっさいの構成関係を合一し、おのおのの力能の度に応じたそれらいっさいの外延的諸部分の無限集合を〔部分集合として〕所有する一個の〈個体〉にほかならないことが、理解されることだろう。

様態のプロセスである個体形成は、スピノザによればつねに量的なものである。しかしそこには、大きく異なった二つの個体形成があることに注意しよう。ひとつは、単純かつ不可分、永遠な、強度的・内包的部分としての各個の力能の度の特異性によって規定される、本質の次元の個体形成である。いまひとつは、一定の運動と静止の構成関係を一時的に具現する外延的諸部分の分割可能な集合として規定される、存在の次元の個体形成である。この構成関係そのものは永遠であり、そこにその様態の本質はおのずから表現されるのである(〔身体・物体ではなく〕精神におけるこの二種類の「部分」については、『エチカ』の第五部を参照せよ)。

* コナトゥス〔自存力〕(CONATUS) ——→〈力能〉項参照。

* 死(MORT) ——→〈いい―わるい〉項、〈持続〉項、〈存在〉項、〈否定〉項、〈力能〉項参照。

* 思惟〔思惟する〕(PENSER) ——→〈観念〉項、〈精神と身体〉項、〈方法〉項、〈力能〉項参照。

＊　思考上の存在（ÊTRES DE RAISON）──→〈抽象概念〉項参照。

＊　自然（NATURE）──（実体としての、また原因としての）いわゆる能産的自然と、（結果としての、また様態としての）いわゆる所産的自然とは、たがいに相互の内在性をきずなに結びついている。原因は、どこまでもそれ自身のうちにとどまりつつ産出し、また結果──産出されたもの──のほうも、原因のうちにとどまるからである（ＥⅠ29備考）。この二重の条件さえあれば、あとはもうなにも付け加えなくとも、自然一般について語ることができる。ここでは〈自然主義〉は以下の三つの形態の一義性を満たすものとして現れる。まず、属性の一義性。各属性は、能産的自然としての神においても、所産的自然としての個々の様態においても、同じ形相のもとに、一方ではこの神の本質をなし、他方ではそれらすべての様態の本質を包容している。ついで、原因の一義性。所産的自然の起源としての〈万物の原因〉ということばは、神について、能産的自然の系譜としての〈自己原因〉と同じ意味で語られる。最後に、様相の一義性。所産的自然の秩序も、能産的自然の編成も、そのありようは〈必然〉のただ一語をもって形容される。

所産的自然の秩序という観念については、いくつかの意味を区別しなければならない。

(1)　異なる属性におけるものどうし〔たとえば身体と精神〕のあいだの対応。(2)　それぞれの属性におけるものどうしの連結（直接無限様態、間接無限様態、個々の有限様態）。(3)　各様態すべての本質が、たがいに神的力能の部分〔一個の強度的・内包的部分〕としてもつ、本質相互間の内的な適合・一致。(4)　個々の存在する様態がその本質に応じてもつ特有の複合的な構成関係の形成。この構成関係は、永遠の法則〔自然の諸法則〕に従って複合をとげ、形成をとげる（その構成関係のもとに、ひとつの存在する様態が他と複合をみることもあれば、これとは逆に、その構成関係が他によって分解されてしまうこともありうる――いいかえれば、この形成の秩序も〔それ自体は、本質間の秩序と同様〕内的な秩序だが、これは様態の存在間における適合と不適合の秩序なのである〔EII29備考、IV18備考〕）。(5)　存在する様態どうしの外部における出会い。この出会いは、各個の構成関係形成の秩序とは無関係に、事と次第に応じて起こる（今度は〔(3)、(4)とはちがい〕外在的な秩序、非十全なものの秩序である――すなわち出会いの秩序、「自然の共通の秩序」であり、これは、合理的に複合・形成をみる構成関係の秩序には従わない以上〔その意味では〕「偶然的」といわれるが、事と次第に応じて運びをみる外的な因果的決定の法則に従う以上は、必然的な秩序であることに変わりはない――EII29系〔および備考〕、II36を参照のこと。非十全なものにも秩序があることが示されている）。

＊　持続（DURÉE）――ある始まりからの、存在の継続。〈持続〉は、存在する様態についていわれる。持続には始まりは含まれるが、終わりは含まれていない。というのも、様態〔有限な個々の身体や精神〕が作用因のはたらきで存在へと移行するとき、もはやその様態は、ただたんに属性のうちに含まれているばかりではなしに、持続する（ＥⅡ８）、というよりむしろ持続しようとする――すなわち、存在に固執してそのままそれを保とうとするからだ。様態の本質自体が、この場合には、そうした存在への固執の傾向として規定されるのである（ＥⅢ７）。その存在するものの本質も、その存在を定立する作用因も、この持続に期限を与えることはできない（ＥⅡ定義５の説明）。持続は、それ自体としては「存在の無際限な継続」であるのもそのためだ。持続の終わり、すなわち死は、その存在する様態の構成関係を分解してしまうような他の様態との出会いからやってくる（ＥⅢ８、Ⅳ39）。したがって、死と誕生〔終わりと始まり〕はけっして対称をなしているわけではない。様態が存在するかぎり、その持続は、情動を規定するさまざまの体験的な推移をもって、たえずより大きなあるいは小さな状態へと変化するその完全性の度合のさまざまな移行をもって、その存在する様態のも

つ活動力能のさまざまな連続的変動をもって、成り立っている。〈持続〉は〈永遠〉と対立する。永遠には始まりなどないし、この永遠ということばは一定不変の、まったき活動力能を有するものについて言われるからである。永遠は、無際限の持続でもなければ、この持続の後に（死後、来世において）始まるなにかでもない。永遠は、持続と共存しているのである。ちょうど、この私たち自身のもつ二つの本性上異なった部分——身体の存在を含んでいる部分（外延的部分）と、この身体の本質を表現している部分（内包的部分）と——が共存しているように（EⅤ20備考以下）。

＊ 実体（SUBSTANCE）——「それ自身においてあり、それ自身によって考えられるもの、いいかえればその概念を形成するのに他のものの概念を必要としないもの」（EⅠ定義3）。古典的な定義にこの「それ自身によって考えられるもの」を付け加えることによって、スピノザは、同じ属性をもつ複数の（すなわち数的には区別される）実体の存在を不可能にしている。じじつもし、そのような複数の実体が存在するとすれば、それらはなんらかの共通のものをもち、それをとおしてたがいに他によって理解されうることになってしまうだろう。『エチカ』冒頭の八つの定理が（属性の、またその属性をもって形容されるかぎりの実体の、多数性

〔実在的区別〕は否定しないが〕ひとつひとつの属性には複数の実体は存在しないことを示そうと努めているのも、そのためである。数的区別は、けっして実在的区別ではない。

ひとつの属性にはひとつの実体しか存在しないということ、これはそれだけでもすでに、〔属性による〕質的形容を得たおのおののそうした実体が、単一であり、自己原因であり、無限であり、必然的に存在するものであることを、認めるに十分である。しかしこの、属性を異にする実体間の多数性・多様性は、あくまでも質のうえのものとして理解されなければならない。あくまでも質的な多様性、実在的—形相的な区別であって、「複数の」ということばはこれにはそぐわないのである。まさにその意味で、〔質の観点に立ち、実在的区別にもとづいて実体を論じている〕冒頭の八定理は、たんなる仮定的な、条件付きの命題ではない。全『エチカ』をとおして、無条件の真理としての性格を保持しているのである。

これにたいし、存在の観点からは、すべての属性に対してただひとつの実体しか存在しない〔〔数詞としての〕「ひとつの」ということばは、ここでも不都合である〕。数的区別がけっして実在的な区別でないとすれば、逆にまた実在的区別も、けっして数的な区別ではないからだ。実在的〔形相的〕には区別されるいっさいの属性も、したがって〔存在論的には〕ただひとつの——絶対的にひとつの——実体について言われるのである。この実体はそれらすべての属性を有し、いうまでもなく自己原因、無限性、必然的存在の特質もそなえている。〔実体の〕無限に多くの本質も、形相的には、それを表現している各属性において〔実在的に〕区別されるが、存在論的には、それらすべての属性がそれをそこに結びつけている実体において一体となる（EⅠ10備考）。各属性の実在的―形相的な区別は、実体が、絶対的・存在論的にはひとつであることと対立するものではない。反対に、この区別こそが実体の単一性をつくりあげているのである。

* 自動機械（AUTOMATE）――→〈方法〉項参照。

* 至福（BÉATITUDE）――→〈変様、情動〉項参照。

* 社会（SOCIÉTÉ）――集団としての人間が、ひとりひとりの力能をひとつに合わせて、高次の力能をもつ一個の全体をかたちづくる状態（共同社会《キウィタス》の状態、国家状態）。この状態は、各人がつねに自分のそれより大きな、自分が破壊されてしまうような力に出会う危険にさらされている自然状態の弱さ、無力さを払いのけてくれる。この共同社会の状態すなわち社会

状態は、理性状態に似てはいるが、あくまでもこれはそれに似ているというにすぎず、たんにそれを準備する、あるいはその代わりをするものでしかない（EⅣ35備考、54備考、73、TTP第16章）。理性状態においては、人々のそうした合一は、各個の構成関係の内発的結合――共通概念や、この共通概念から生じるもろもろの能動的な感情（とりわけ自由、堅固さ、寛容さ、第二種の認識における仁愛（pietas）や敬虔の念（religio）によって決定される結合――にもとづいて成立をみる。ところが人々のそうした合一つまり全体の形成は、共同社会の状態においては、なんらかの外発的秩序――希望と恐怖（自然状態にとどまることにたいする恐れ、そこから脱け出ることにたいする希望――TTP第16章、TP第2章15、同第6章1）という受動的な感情によって決定される秩序――にもとづいて成立をみるのである。理性状態においては、法とは永遠の真理、いいかえれば各人の力能の全面的な展開に向かう自然の法則である。共同社会の状態においては、法は、各人の力能を制限あるいは制約し、命令や禁止としてはたらき、全体の力能が個人の力能を越えて強大なものとなればなるほど、この傾向は強まる（TP第3章2）。これは、ひとえに服従と服従の根拠にかかわり、善と悪、正義と不正義、褒賞と懲罰を決める「道徳的な」法〔掟〕にほかならない（EⅣ37備考2）。

とはいうものの共同社会の状態も、それが自然権を保持しているという点では理性状態と変わらない。それも二つの面からそれは考えられる。一方ではまず、各個の力能の合一によって形成される全体は、それそのものがその自然権によって規定される（EP50イェレス宛）。他方、共同社会の状態において共通なものとなるのは、積極的・肯定的な「共通概念」の対象としての全力能ではない。共通概念の定立は〈理性〉を前提としている。共同社会の状態で共通なものとなるのは、あくまでもすべての人々をその共同社会の成員たらしめている触発＝変様や受動的感情にすぎない。今度は、私たちはすでに形成された社会にあるから、これは褒賞を得ることにたいする希望、懲罰を受けることにたいする恐れ（第二の種類の希望、恐れ）のかたちをとる。しかしこの共通の触発＝変様は、どこまでも各人の自然権ないしコナトゥスを決定しているのであり、それを抹消してしまうわけではない。誰もがみなおのれの存在〔生存〕を保持しようと努めている。ただ、そうした共通の触発＝変様にもとづいて、あるいはそれに応じて、そうしているにすぎないのだ（TP第3章3）。

いまや、なぜ、スピノザにおいては社会状態が契約にもとづくものとされるかが理解される。この契約は二つの契機をもっている。すなわち、(1)　まず人々はおのれの力能を断念しなければならない。それもこの断念自体をとおして彼らが形成する〈全体〉のためにそうしなければならない（〔力能の〕委譲はまさにこの点にかかっている。人々は希望や恐れを共有する共通の触発=変様によってみずからが「決定」されることに同意するのである）。(2)こうして形成された全体のもつこの力能（絶対的な統治権〔absolutum imperium〕）は、専制、貴族制、民主制のいかんを問わず国家に委ねられる（〔スピノザによれば、治者と被治者が同一で理論上主権に対する反対勢力が絶対的に存在しない〕民主制国家こそ、この絶対的統治（権）に最も近い政体であり、恐れや希望、さらには安堵（安全の思い）さえ含めたすべての受動的な感情や情動を、〈理性〉の情動としての自由への愛でもって置き換えてゆく傾向をもつのである——TTP第16章参照）。

＊ 自由（LIBERTÉ）—— 『エチカ』の全努力は、自由と意志との伝統的な結びつきを断ち切ることにあった。意志のままに選択や創造さえなしうる能力としてとらえられるにせよ（無差別的自由）、規範に従っておのれを律しみずからそれを体現しうる能力としてとらえられるにせよ（啓蒙的自由）、自由といえば意志と結びつけて解されてきたのである。神の自由も、そうやって専制君主や立法者の自由と同列のものとしてとらえられれば、たちまち自然的偶然性〔奇跡〕やたんなる論理的可能性と結びつけられてしまう。気まぐれさや、もっと悪いことに無力さがこうして神の力能のうちに持ちこまれることになる。気まぐれさとい

うのは、神はそうしようと思えば別のものを創造することもできただろうとされるからであり、無力さというのは、可能性のモデルによって神の力能が制限されるからである。そのうえ、無からの(ex nihilo)創造における無や、啓蒙的自由における〈善〉、〈最善〉のように、抽象概念にすぎないものが現実の存在としてとらえられてしまうことにもなる(EⅠ17備考、33備考2)。スピノザの原則は、自由はけっして意志の特質ではない、「意志は自由な原因とは呼ばれえない」ということである。意志は、有限であろうと無限であろうと、あくまでも〔思惟の〕一様態であり、他の原因によって決定されている。たとえその原因が思惟という属性のもとでの神の本性であっても変わりはない(EⅠ32)。まず第一に、どんな観念もそれ自体一つの様態であり、神の観念といえども、神が自己の本性ならびにそこから結果として生じるすべてのものをそのもとに把握している一つの無限様態であるにすぎない。神はけっして〔実現するもしないもその胸ひとつの〕たんなる可能性としてそれらを抱懐しているのではない。他方また、個々の意志作用も観念に含まれている様態であって、観念そのものにともなう肯定〔定立〕あるいは否定と一つのものであり、そうした決定行為に偶然のはいりこむ余地はまったくない(EⅡ49)。それゆえ、知性も意志も神の本性ないし本質に属してはおらず、自由な原因ではない。すべて存在するものは必然的に存在し、必然性以外の様相をもたないから、ただひとつ自由な原因といわれるべきなのは「自己の本性の必然性のみによって存在し、自己自身によってのみ作用へと決定される」原因〔自己原因〕である。だから、無限に多くの属性から成る神は、あくまでもそれが自己原因であるというのと同じ意味で、万物の原因なのである。神が自由なのは、いっさいのものが神自身の本性から必然的に生じるからであり、ものごとを可能的に抱懐しているからでも偶然的に創造するからでもない。自由を自由たらしめているのは「内的な」必然性であり、「自己の」必然性である。人はけっしてその意志や、意志の則るべき規範によって自由なのではなく、その本質や、本質から生じるものによって自由なのである。

ではその意味で、はたして様態〔個々の身体や精神〕は自由であるといえるだろうか。各様態はつねに他のものからの決定を受けているのである。意識が思いこんでいる自由は、意識の本質に根ざした錯覚にすぎない。意識はよってきたる原因を知らず、可能的なものや偶然的なものを想像し、意志しだいで精神は身体を動かせるものと思いこんでいるからだ（EⅠ付録、Ⅱ35備考、Ⅲ2備考、Ⅴ序文）。実体〔神〕の場合以上に様態の場合には、自由を意志に結びつけることは不可能である。しかしその代わり、各様態はひとつひとつある本質、いいかえればある力能の度をもっている。様態がなんらかの十全な観念を形成しえたときには、この観念は、その様態と他のもろもろの存在する様態との内なる適合を表現する共通概念となるか（第二種の認識）、神の本質ならびに他のすべてのものの本質と内的、必然的に適合・一致をみるその様態自身の本質の観念となる（第三種の認識）。そうした十全な観念からは必然的に能動的な情動ないし感情が生じるが、これはその様態自身の力能によっておのずから開展（＝説明）されるのである（EⅢ定義1および2）。このときはじめて、その存在する様態は自由であるといわれるのだ。だから、人間は生まれついて自由なのではなく、自由になる、あるいはみずから自身を自由にするのであり、『エチカ』の第四部にはそのような自由な人間、〔心の〕強さをもつ人間の肖像が描かれている（EⅣ54ほか）。もろもろの有限様態のなかで最も大きな力能をもつ私たち人間は、みずから自身の活動力能を所有するにいたったとき、いいかえれば自身のコナトゥス〔自存力〕が十全な諸観念によって決定され、そこから能動的な情動、私たち自身の本質によっておのずから開展（＝説明）される情動が生じてくるとき、自由となる。様態においてもやはり自由は本質や、本質から生じるものと結びついているのであり、意志やそれを律するものと結びついているのではないのである。

＊ 十全―非十全（ADÉQUAT-INADÉQUAT）――→〈観念〉項参照。

＊ 受動〔受動的情動〕（PASSION）——→〈変様、情動〉項参照。

＊ 種と類（ESPÈCES ET GENRES）——→〈抽象概念〉項参照。

＊ 衝動（APPÉTIT）——→〈力能〉項参照。

＊ 情動（AFFECTS）——→〈変様、情動〉項参照。

＊ 証明（DÉMONSTRATION）——→〈定義、証明〉項参照。

＊ 真（VRAI）——→〈観念〉項、〈方法〉項参照。

＊ 数（NOMBRE）——→〈抽象概念〉項参照。

＊ 精神と身体（心身並行論）（ESPRIT ET CORPS/PARALLÉLISME）――心＝魂《アニマ》ということばは、『エチカ』ではまれに論争的な場面で使われるほかはほとんど用いられていない。スピノザはその代わりに精神（mens）ということばを用いる。神学的な手あかのつきすぎた〈アニマ〉では、――(1) 精神の真の本性、すなわち精神とは観念であり、それもなにものかの観念であるということ、(2) まさにそうした観念の対象にほかならない身体との真の関係、(3) えせ不滅性〔いわゆる魂の不死〕とは本性を異にする、精神の真の永遠性、(4) 多数の部分、多数の機能を有する複合した観念としての、精神の多元的な構成、について十分な理解が得られないからである。

身体は延長の一様態であり、精神は思惟の一様態である。個体が本質をもつように、その精神もまずは思惟のさまざまの様態のうちで最も基本的なもの、すなわち観念によって構成されている（EII公理3、II11）。いいかえれば精神とは、対応する身体の観念なのである。しかしこれは、観念がそれのもつ表象能力によって定義されるということではない。私たちがそうあるその観念〔一個の観念（＝精神）としての私たち自身のありよう〕は、思惟一般に対し、また他の諸観念に対して、私たちがそうあるその身体〔一個の身体・物体としての私たち自身のありよう〕が延長一般に対し、また他のもろもろの身体や物体に対してあるのと同じ関係にある。身体には私たちも驚くような仕組み、メカニズムがあるように（EⅢ2備考）、思惟にも一種の自動的なメカニズムがある（TR85節）。すべてのものは身体であると同時に精神、物であると同時に観念であり、まさにその意味ですべての個体は心をもつ（animata）（EⅡ13備考）。観念の表象能力もそうした対応関係から派生してくるにすぎないのだ。

同じことは、私たち自身がそうあるその観念だけでなく、私たちがそれをもつもろもろの観念についてもあてはまる。というのも、自身のそうしたありようとしての観念を私たちは、少なくとも直接もつわけではないからだ。そうした観念は神のうちに――同時に他の無限に多くの観念に変様化しているかぎりにおける神のうちにある（EⅡ11系）。この私たちがもつのは、自身の身体に起こる観念、自身の身体の触発による変様の観念であり、私たちはまさにそのような観念をとおしてのみ、自己の身体や他の身体または物体を、自己の精神や他の精神を、直接的に認識するのである（EⅡ12―31）。したがって身体のもろもろの変様と精神におけるもろもろの観念とのあいだには対応関係がある。この対応をとおしてそれら諸観念はそうした変様を表象しているのである。

こうした組織的な対応関係はどこからくるのだろう。ここで除外されるのは、心身相互間のいっさいの実在的作用である。身体と精神とは別々の属性にもとづいており、おのおのの属性はそれ自身によって考えられる（EⅢ2証明、Ⅴ序文）からである。精神も身体も、精神に起こることも身体に起こることも、したがってそれ自体としては自律的である。にもかかわらずこの両者のあいだには一定の対応関係がある。いっさいは、すべての属性をもつただひとつの実体としての神から生じるが、そうしたいっさいのものはすべての属性において唯一・同一の秩序に従って産み出されるからである（EⅡ7備考）。したがって思惟においても延長においてもそこにはただひとつの同じ秩序があり、身体も精神もただひとつの同じ秩序をもつ。しかし、実在的な因果関係をもたないこうした対応はもちろん、こうした秩序の同一性さえ、それがスピノザ説の独自性をなしているわけではない。じじつ、そのような説はデカルト主義者たちのもとでも一般化していた。心身間の実在的な因果関係は否定しても、観念上の因果関係なり機会原因的な因果関係なりを主張しつづけることはできるからだ。心身間の観念上の対応を認め、伝統的な考え方に沿って、心の受動〔情念〕は身体の能動に対応しその逆も成り立つ〔心が能動に立てば身体は制御される〕とすることもできる。心身間の秩序の同一性は認めても、両者は同じ「位格」ないし完全性をもたないとすることもできる。たとえば心身並行論ということばは、やはり実在的な因果関係をもたない自身の体系を示すためにライプニッツがつくりだしたのだが、そこでは、身体的・物体的な事象の諸系列と心的事象の諸系列とが、むしろ漸近線や射影のモデルにもとづいてとらえられている。だとすればスピノザ説の独自性はどこにあるのだろう。スピノザ自身のものではない心身並行論ということばが、にもかかわらず彼にこそ厳密にあてはまるのはどうしてなのだろう。

それは、スピノザにおいては、身体と精神、身体的諸現象と精神的諸現象のあいだには、ただたんに「秩序」の同一性（〔両者の生起の秩序・過程の〕同型性［isomorphie］）があるだけではないからだ。両系列のあいだには、さらに〔それぞれの系列の現象の〕「連結」の同一性（平等性［isonomie］ないし等価性［équivalence］）がある。いいかえれば延長と思惟、延長において起こることと思惟において起こることとは位格的にも対等であり、原理上の対等性をもつ。いっさいの卓越性や超越性、多義性に対するスピノザの批判によって、この二つの属性は一方が他より優位に立つこともなければ、一方が特に創造者たる神のものとされ、他方が被造物やその不完全性と結びつけられることもない。それゆえ身体の系列と精神の系列とは、ただたんに同一の秩序をもつだけでなく、対等の原理のもとに同一の連関をもって生起するのである。最後にもうひとつ、両系列のあいだには、さらに存在の同一性（isologie）がある。同じひとつのもの、同じひとつの様態的変様が、思惟属性においては精神という様態をとって、延長属性においては身体という様態をとって産み出されるのである。以上のことから、ただちに実践的な結果が導かれる。伝統的な道徳的見解とは逆に、身体のすべての能動は心においても能動であり、心のすべての受動は身体においても受動であるということだ（EⅢ2備考「私たちの身体の能動と受動の秩序は、本性上、精神の能動と受動の秩序と軌を一にしている」）。

こうした精神と身体の並行論は、観念とその対象とのあいだの一般的な認識論的並行の第一のケースであることに注意しよう。スピノザが、結果はそれ自体がその原因を含むだけでなく、結果についての認識も原因の認識を含むという公理にここで訴えているのもそのためだ（EⅠ公理4、Ⅱ7証明）。もっと正確にいうなら、どんな観念にも何かあるものが対応しており（なにものもそれを存在させている原因なしには認識されないであろうから）、どんなものにもなんらかの観念が対応している（神はみずからの本質およびその本質から生じるいっさいのものの観念を形成するから）ことが証明されるのである。けれども、観念とその対象とのあいだのそうした並行関係からは、たんに思惟の一様態と他のはっきり特定されたただひとつの属性の一様態とのあいだの対応、等価性、同一性しか導かれない（他の特定の属性とは、この場合、私たち人間の認識するただひとつの他の属性である〈延長〉にほかならず、したがって精神とは身体の観念であり、それ以外のなにものでもないことになる）。

ところが、この並行関係の証明に続く部分は（EⅡ7備考）、それどころではなく存在論的並行にまで達している。〔思惟と延長だけでなく〕すべての属性における様態間の、属性上のちがいしかもたないすべての様態各個間の並行論である。第一の認識論的な並行論によれば、思惟における一観念と他の特定の属性におけるその対象とはひとつの同じ「個体」をかたちづくっているが（EⅡ21備考）、この第二の存在論的な並行論によれば、すべての属性における各個の様態はひとつの同じ様態的変様をかたちづくっている。両者のずれはチルンハウスによって的確に指摘された（EP65）。すなわち、実体の様態的変様はどの属性においてもただひとつの様態がそれを表現しているというのに、思惟においては多数の様態つまり観念がそこにあって、ある観念はAという属性における対応する様態を表現し、またある観念はBという属性における対応する様態を……表現している。「精神が一定の様態的変様を表象し、この様態的変様はただ延長においてばかりではなしに、同時に他の無限に多くの様態のもとにおのずから表現されるのだとすれば、なぜ精神はただひとつ延長、つまり人間身体による表現のみを認識して、他の諸属性によるいっさいの他の表現は認識しないのでしょう」。

観念のこうした多数化〔多重対応〕は、外延上の特権的性格である。しかしそれだけがこの思惟という属性のもつ特権的性格ではない。第二の特権的性格、反復におけるそれは、意識を構成する観念の多層化にある。すなわち、ある対象を表象する観念は、それそのものが思惟属性のうちに形相上の存在をもち、したがってその観念を表象するまた別の観念の対象となり、以下無限にこれがくりかえされる。最後に第三の、内包における特権的性格は、観念が自身も思惟という属性のもとにおける実体の一様態でしかないにもかかわらずもつ、当の実体それ自身やそのもろもろの属性を表象する力能にある。

こうした思惟属性の特権的な性格は、神の観念あるいは無限知性のもつ複雑な身分にもとづいている。じじつ神の観念は、その対象のうえでは実体とすべての属性を把握しているが、〔形相のうえでは〕思惟属性における一様態として形成されなければならない。したがって、形相的に区別される属性があればその属性の数だけの観念が形成されなければならない。しかも各観念は、それ自身もその形相上の存在において、他の観念にその対象として把握されなければならないのである。けれどもこうした特権的性格は、並行論をなんら破綻させるものではない。それどころかその不可欠の部分をなしている。というのは、存在論的並行（属性を異にするすべての様態はひとつの同じ様態的変様がとるものであること）は、すべての属性が（そこには思惟も含まれる）本質の諸形相として、またもろもろの存在力として対等であるということをその根拠とし、認識論的並行はそれとはまったく別の対等性、（すべての属性を条件とする）形相上の存在する力能と（ただひとつ思惟属性を条件とする）観念対象上の思惟する力能とが対等であることを根拠としているからである。そして、この認識論的並行から存在論的並行への移行を根拠づけているのも、やはり神の観念である。実体がただひとつであり、転じて〔そこから無限に多くの仕方で生じる〕諸様態がひとつであるということを許すものは、神の観念しかないからだ（EⅡ4）。したがって並行論に与えられる最終的な規定はこうなる。ひとつの同じ様態的変様が、各属性においてそれぞれひとつの様態によって表現されるが、それら各個の様態は、それを思惟属性において表象する観念とともにひとつの個体をかたちづくるのであると。

並行論において思惟属性が他の属性に対し実際にもつそうした特権的性格と、心身間のみかけのうえでの断絶とを混同しないようにしよう。この断絶には二通りある。(1) 存在する様態の場合。この場合には身体が、精神の研究にとっての指導的なモデルとしてとらえられるかたちになる（EⅡ13備考、Ⅲ2備考）。(2) 様態の本質の場合。この場合には、「身体に対するいっさいの関係を離れて」（EⅤ20備考）といわれるほど、精神が専一的なモデルとしてとらえられるかたちになる。ここでまず、精神とはきわめて複雑な複合した観念であり（EⅡ15）、これら二つの断絶はその同じ部分に関するものではないことに注意しよう。第一の身体のモデルは、存在する身体を含んでいる観念としての精神について、ということはつまり想像ないし表象という名で括られる精神の可滅的な部分（EⅤ20備考、21、39、40）、いいかえればこの私たちのもつもろもろの変様の観念について、あてはまる。第二の純粋な精神のモデルは、それとは反対に、身体の本質を表現している観念としての精神について、ということはつまり知性と呼ばれる精神の永遠的な部分、いいかえれば神の観念や他のもろもろの個物の観念との内的な関係においてとらえられた私たち自身のありようとしての観念について、あてはまるものである。そのように理解すれば、こうした断絶はたんなるみかけにすぎないことがわかる。というのも第一のケースは、けっして精神に対する特権的な優位を身体に与えているわけではない。ここでは、身体のもつもろもろの力能についての認識を獲得することをつうじて、同時に並行的に、この私たちの意識をのがれているもろもろの精神の力能を発見することにポイントが置かれている。意識に訴えて、性急にも身体に対する「心」のいわゆる支配力をそこから結論することに甘んずるのではなしに、身体においてこの私たちが認識している以上のこと〔身体の未知の部分〕を、したがってまた精神においてこの私たちが意識している以上のこと〔精神の無意識の部分〕を発見させてくれるような、対比による力能の理解をすすめることである（EⅡ13備考）。第二のケースにしても、これは身体に対する特権的な優位を精神に与えているわけではない。精神と同様、個々の身体にはその身体の個的・特異的な本質というものがある（ＥＶ22）。そうした身体の本質は、たしかに、その精神の本質をなす観念（私たち自身のありようとしての観念）によって表現されるものとしてしか現れてこない。しかしこれは観念論でもなんでもない。スピノザはただたんに、認識論的並行の公理により、各様態の本質はその本質がそれをとおしてとらえられるべき原因をもつことに、あらためて注意を促しているにすぎない。いいかえれば、各個の身体には、その身体の本質を表現し、私たちにそれをその原因からとらえさせてくれるような観念が存在するということなのである（ＥＶ22ならびに30）。

＊ 絶対（ABSOLU） ―― (1) すべての属性から成る実体を形容する。これにたいして、どの属性もそれひとつひとつはおのおの類において無限であるにすぎない。むろん、ひとつの類において無限とはいっても、これはなんら他の類の欠如や他の類との対立を意味するわけではなく、ただそこには実在的区別、形相上の区別があるというだけのことであり、この区別は、それらすべての無限な形相〔すべての属性〕が同じ〈存在〉、存在論的にはただひとつの〈存在〉に帰着することを妨げるものではない（ＥＩ定義6およびその説明）。まさに絶

対とは、そのような存在〔＝実体〕の本性であり、これにたいして無限は、おのおのの「類」の、いいかえれば各属性おのおのの一特質でしかないのである。〔スコラ的、デカルト的な〕たんなる特質としての〈無限に完全〉を乗り越えて、自然の本性としての〈絶対に無限〉へと向かうこと——全スピノザ哲学はこの運動につらぬかれている。これが、スピノザによる〔神の存在の〕存在論的証明の「転位」の核心である。

(2) 神は二つの絶対的な力能をもつ。絶対的な存在し・活動する力能と、絶対的な思惟し・理解する力能である（EⅠ11備考「絶対に無限な存在する力能」infinitam absolute potentiam existendi、Ⅰ31証明「絶対的な思惟」absolutam cogitationem）。絶対者にはいわば二つの半面、もしくは二つの力能があるということだ。この二つの力能は対等であり、この二つを私たちが認識する二つの属性〔延長と思惟〕と混同してはならない。この二つの力能の対等性についてはⅡ7系を参照せよ〔二つの絶対的な力能と、二つの無限な属性のちがいについては〈力能〉項ならびに〈精神と身体〉項を参照のこと〕。

＊ 想像（力）〔表象像の形成〕（IMAGINATION）——→〈観念〉項、〈共通概念〉項、〈変様、情動〉項参照。

＊ 像〔表象像〕(IMAGE) ──→〈観念〉項、〈共通概念〉項、〈変様、情動〉項参照。

＊ 属性 (ATTRIBUT) ──「知性が実体についてその本質をなしていると知覚するもの」(EⅠ定義4)。属性は、知性によるとらえ方〔認識様式〕ではない。スピノザ哲学における知性は、存在するものしか知覚しないからだ。属性は〔超越的な実体から〕発出したものでもない。実体が属性に比べて、また一つの属性が他に対して、優位にあるとか卓越しているといったことはいっさいないからだ。すべての属性は、おのおの一定の本質を「表現」している(EⅠ10備考1)。属性が必然的に知性と結びつくのは、属性が知性に存しているからではない。属性が表現的な性格をもち、その表現内容が、それを「知覚」するなんらかの知性を必然的にともなっているからである。表現されている本質は、一つの性質──限界をもたない、無限な性質である。表現としての属性があいだに立ってこの本質を実体に結びつけ、この内在的な結びつきを知性はとらえるのである。すべての本質は、属性において区別されるが、この属性をとおしてそれらがそこに結びつけられる実体においては、一体をなしている。属性は、すべて「それ自身によって、またそれ自身において考えられる」(EP2オルデン

ブルク宛)。いいかえれば、すべての属性は実在的に区別される。どの属性も、それが考えられるには他の属性も他のなにものも必要としないからである。したがってすべての属性は、どれもひとつの絶対に単純な実体的性質を表現している。どの属性にも、質的もしくは形相的に(数的にではない)それぞれひとつの実体が対応しているといわなければならないのである。純粋に質的な、形相上の多様性。『エチカ』冒頭の八つの命題で規定されているのは、まさにそうした質的・形相的多様性としての属性であり、実体が、すべての属性にとってただひとつの同じ実体であるといいうるのもそのためである。属性間の実在的区別は、実体に関するもろもろの究極的な「本体述語(quiddité)〔実体とは「何であるか」という問いに答える、実体の本質をなすもの〕」間の形相的な区別なのである。

　私たちは二つの属性しか認識しないが、しかし属性は無限に多くあることを知ってもいる。私たちがそのうちの二つしか認識しないのは、無限なものとして私たちが考えることができるのは〈思惟〉と〈延長〉という二つの性質しかないからだ。精神であり、身体である私たちは、この二つの性質を自身の本質のうちに含んでいるのである(II 1ならびに2)。にもかかわらずしかし、無限に多くの属性があることを私たちが知っているのは、神は絶対に無限な存在する力能をもち、この存在力能は〈思惟〉によっても〈延長〉によっても尽くされはしないからである。

すべての属性は、それが実体の本質をなしているかぎりにおいて、またそれがすべての様態の本質に含まれ、様態の本質を包容しているかぎりにおいて、厳密に同じものである。たとえば、すべての身体や物体は〈延長〉を含み〔様態のレベル〕、〈延長〉は神的実体の一属性をなしている〔実体のレベル〕が、どちらもこれは同じ形相のもとに〔一義的に〕そういわれるのだ。その意味では、神が「被造物」に含まれるすべての完全性を有するという場合も、神はこの完全性を、それが被造物自身においてもつのとは別の形相のもとに有しているのではない〔神（＝実体）においても様態においても、完全性の意味は変わらない〕。こうしてスピノザは、いっさいの卓越性や多義性の概念、さらには類比の概念さえも（そうした概念にもとづいて、神はこの完全性を〔被造物にとってのそれとは〕別の形相、いちだん上の形相……のもとに有するとされるのである）、徹底してこれを否定するにいたる。スピノザ的な内在は、発出とも、創造ともまったく別のものなのだ。そしてこの内在は、なによりもまず属性の一義性を意味している。すべての属性は、それがかたちづくっている実体についても、それが包容している個々の様態についても、同一の属性をもって語られるのである（一義性の第一の形態——他の二つは、原因という語、必然という語の一義性である）。

＊　存在（EXISTENCE）――実体は自己原因である〔それみずからを原因とする〕から、その存在は、実体自身の本質のうちに含まれている。まさに実体の本質は、絶対に無限な存在する力能〔存在力〕なのである。したがってその本質と存在とのあいだには、肯定されるもの〔本質〕と、その肯定それ自体〔存在〕が区別されるかぎりにおける区別――思考上の区別があるにすぎない。

しかし、その様態個々〔ひとつひとつの身体や精神〕の本質は、存在を含まない。存在する有限な様態は、他の存在する有限な様態を原因としてもち、それによって〔存在やはたらきを〕決定されるのである（ＥⅠ24ならびに28）。けれどもこれは、様態においては存在が本質と実在的に区別されるということではない。その存在と本質とは、あくまでもただ様態的に区別されうるにすぎない。有限な様態にとって、存在するとは、(1) それら自身も存在する、外的なもろもろの原因〔＝原因となる他の有限な諸様態〕をもつこと、(2) そうした原因によって一定の構成関係――その様態特有の運動と静止の複合関係――のもとにはいるよう外部から決定される、無限に多くの外延的諸部分を現実的にもつこと、(3) 持続すること、そしてどこまでも存在しつづけようとすること――いいかえれば、そうした外延的諸部分が他の外的諸原因によって〔その様態のそれとは〕別の構成関係のもとにはいるよう決定されないかぎりは（〈死〉EⅣ39）、それらの部分を維持しつづけようとすること、である。したがってこの場合、その本質は、もはやただたんに属性のうちに包容されているばかりではなしに、持続し、無限に多くの外延的諸部分を有しており——様態の本質の外在的ありよう（EⅡ8系ならびに備考）——、そのかぎりにおいて、様態のこの存在はその様態の本質そのものである。身体だけがこうした外延的諸部分をもつのではない。精神もまた、もろもろの観念の複合のうえに成り立っているのである（EⅡ15）。

　しかし様態の本質は、対応するその様態が存在するといなとにかかわらず、その本質自身の、それ自体としての存在を同時にもっている。まさにその意味で、存在しない様態〔＝いま現に持続していない、外延的諸部分をもたない様態〕も、たんなる論理的可能性ではなしに、一個の強度的・内包的な部分、物理的実在をそなえた一個の度〔力能の度〕なのである。いうまでもなく、この本質と本質それ自身の存在との区別は、実在的なものではない。やはりこれも、あくまでも様態的に区別されるにすぎない。この区別は、様態の本質は必然的に存在すること、しかしそれみずからによって存在するのではなく、その原因（神）の力で、そして〔この神の〕属性のうちに包容されているものとして——様態の本質の内在的ありよう

(EⅠ24系ならびに同25証明、Ⅴ22証明)――それが必然的に存在することを、意味しているのである。

＊ 卓越性(EMINENCE)――もし三角形に口がきけたら、三角形は、神は卓越的に三角であるということだろう(EP56ボクセル宛)。スピノザが卓越性という概念を批判するのは、この概念が、神を一方では人間的な、擬人化さえした性格をもって定義しながら、同時にその特殊性を救おうとするさいの常套手段として持ち出されるからだ。神に人間的意識から借りたさまざまな特徴(こうした特徴は当の人間自身にとってすら十全なものではない)をそのまま付与しておいて、神の本質を案配するには、ただそれを無限の域にひきあげれば、あるいは神は私たちにはおよびもつかない無限に完全なかたちでそれを有しているといえば、それですむと思っている。こうして私たちは、神に無限の正義や慈愛、無限の立法的知性や創造的意志を付与し、無限の声や手や足さえ付与するにいたるのである。この点、スピノザからみれば、多義性も類比もひとつ穴のむじなであり、どちらに対しても彼は手きびしい告発をくわえている。神がそうした人間的諸性格を、ちがう意味でもとうと、私たちのそれに比した意味でもとうと、たいした変わりがあるわけではない。どちらにおいても属性の一義

性が看過されているからである。

ところで、この一義性は、全スピノザ思想の文字どおりかなめをなしている。神の本質と個々の様態の本質のあいだには、共通するものはなにもない。にもかかわらずしかし、なんらかの絶対的に同一な形相、神と様態に絶対的に共通するなんらかの共通概念がそこにはあるのは、まさにすべての属性が、それを本質とする神においても、それをそれらみずからの本質のうちに含む個々の様態においても、同じ形相のもとに存在しているからである。属性の一義性は、どこまでも〈存在〉そのもの〔〈ある〉と述語されるかぎりのもの〕は絶対的にひとつであることを保持しながら、実体〔神〕と様態とを、その本質においても現実の存在においても根本的に区別するただひとつの手段なのである。卓越性も、またこれにともなう多義性や類比も、ほんらい何も共通するものはないところで神と被造物のあいだに共通点をみとめ〔本質上の混同〕、共通の形相が存在するところではそれを否定する〔超越的形相の錯覚〕という二重のあやまちをおかしている。存在そのものに亀裂を入れてしまうと同時に、本質のうえでは混同してその区別がつかなくなってしまうのである。卓越性にもとづく議論は神を擬人化する。様態の本質と実体の本質を混同しているからである。この議論は外在的な議論にとどまる。意識にモデルを置き、ものの本質とたんなる特性を混同しているからである。この議論は表象ないし想像の域を出ない。そもそもが多義的な〈標徴〉にもとづく議論であり、一義的な〈表現〉にもとづくものではないからである。

＊　知性（無限知性、神の観念）（ENTENDEMENT［ENTENDEMENT INFINI, IDÉE DE DIEU］）――知性は、たとえ無限の知性であろうと、思惟という属性の一様態であるにすぎない（EⅠ31）。その意味では知性も、意志と同様、神の本質をかたちづくるものではない。知性や意志を神の本質のうちにくわえる人々は、人間に使う述語をそのまま用い、擬人化さえして、神というものをとらえている。そこで彼らは、私たち人間のそれを越えた神的な知性に訴えなければ、その本質の相違を救うことができなくなる。神的な知性は、私たちのそれと比べればはるかに卓越した知性であり、たんに類比的に同じ名で呼ばれるにすぎないというわけだ。こうしてひとは、多義的な議論の深い混乱に陥ってしまう（ちょうど〈犬〉という同じことばが、同時にその名の星座も、吠える動物としての犬も指し示すように――EⅠ17備考）。

『エチカ』は、神的な知性と意志に対する二重の批判を展開する。神的な知性とは、いわば立法者のそれになぞらえられる知性であり、神が創造のしるべとするだろうさまざまの規範や、可能的なもの〔=存在にいたるかどうかは（神にしか）わからない、たんなる可能性のうえのものごと〕をそこに包容している。神的な意志とは、いわば君主あるいは暴君のそれになぞらえられる意志、無から（ex nihilo）創造する〔=いっさいの存在がそれなしには無と帰してしまうような〕意志のことである。どちらも大きな誤解であり、必然性の概念も、自由の概念も、このために歪められてしまうのである。

無限知性〔神の知性〕という概念の真の身分は、以下の三つの命題をもって要約される。すなわち (1) 神は、みずからを理解するがままに〔すべてのものを〕産出する。(2) 神は、みずからの産出するもののすべてを、理解する。(3) 神は、みずからの理解するその理解のかたち――神がみずからを、そしてすべてのものを、そのようなものとして理解するその形相〔=神における観念〕――それ自体を、産出する。この三つの命題は、それぞれが別の角度から、可能的なものなど存在しないということ、可能的なものはすべて必然的であるということを、明示している（神はみずからの知性のうちに、可能的なものを抱懐しているのではない。神は、(1) ただ、みずからの本性、みずからの本質そのものの必然性をそのまま理解するだけであり、(2) みずからの本性から生じるものすべてを、必然的に理解し、(3) みずからに対する、そしてすべての個物に対するこの理解そのものを、必然的に産出するのである）。ただし、この三つの命題で援用されている必然性は、同じ必然性ではないし、知性そのものの身分も変化しているのではないかと思われる。

第一の命題によれば、神は、存在するがままに、というに劣らず、みずからを理解するがままに、産出する（EⅡ3備考）。神が必然的に〈みずからを理解する〉というこの必然性は、ただたんに神が必然的に〈存在する〉ことにもとづいているだけではなしに、この存在の必然性とならぶ、対等なものであるようにみえる。だからこそ神の観念は、実体ともろもろの属性を把握〔＝理解〕し、実体〔＝神〕が無限に多くのものをそれらの属性のうちに産み出すのと同様に（神の観念も）無限に多くの観念を産み出すのである（EⅡ4）。しかもこの神の観念には、存在し・活動する力能と対等な〔神の絶対的力能のもうひとつの半面である〕思惟する力能が対応している（EⅡ7）。神の観念のもつこうした性格は、それでは、無限知性のもつたんなる様態としてのありようと、どう両立するのだろう。無限知性は、上の第三の命題ではっきりと述べられているように、それ自体一個の産出物〔（思惟の）一様態〕にすぎないのである。その答えは、そうした神の観念の力能は、この観念が〔観念の〕対象のうえでもつ力能として解されなければならないということ、この点にある。「神の無限な本性から形相上生じるすべてのものは、〔観念の〕対象のうえでは、この神の観念から、同じ秩序・同じ連結をもって神のうちに生じてくる」(EⅡ7系)。すなわち神の観念は、それがすべての属性や様態を表象するものであるからこそ、その表象する当のものと対等の力能をもつのである。しかし〔神の観念のもつ〕こうした「対象上の」力能も、この神の観念や、そこから生じる他のすべての観念そのものが形成をみなければ——いいかえれば、そうした観念がそれら自身の形相上の存在をもたなければ——、いっさいのスピノザ哲学の要請に反して、どこまでもそれは潜在的な力能にとどまり、現実態においてあるものではなくなってしまうことだろう。ところが、観念のこの形相上のありよう、これは思惟属性の一様態以外のものではありえない〔これが無限知性である〕。神の観念と無限知性とが用語のうえで区別されるのも、まさにそのためだ。神の観念は、この観念の対象上のありようからとらえられた観念であり、無限知性、こちらはその同じ観念が、その観念の形相上のありようからとらえられたものなのである。この二つの側面は分かちがたく結びついている。理解する力能を、現実態をもたない〔＝潜在的な、可能態にとどまる〕力能とするのでないかぎり、この二つの一方の側面を他から切り離すことはできないだろう。

まず第一にこの〈神の観念―無限知性〉の複雑な身分は、神の観念が、どうして一方では神自身すなわち実体と同じだけの単一性をもちながら、同時にこの単一性を各個の〔無限に多くの〕様態そのものに伝えることができるのかということ、これを説明する。『エチカ』第二部定理四〔「無限に多くのものが、無限に多くの仕方で（＝無限に多くの様態をもって）生じてくる神の観念は、ただひとつしかない」〕が中心的な役割をはたすのもそのためである。それからまた、この複雑な身分は――すでに精神と身体の関係において考察したように〔〈精神と身体〉項参照〕――思惟属性が特権的な性格をもつ理由をわからせてもくれる。

最後にまた、私たちの知性がこの神的知性の不可欠の一部であること（II11系、43備考）も、これによって説明がつく。じっさい、無限知性もひとつの様態であるということにによって、私たちの知性がこの無限知性に十全に一致することは説明されるからである。むろん、私たちは神のすべてを認識するわけではない。私たちはただ、自身のありようそのものに含まれている二つの属性〔〈延長〉と〈思惟〉〕を認識するにすぎない。しかし、〔神のもつ〕この二つの属性について私たちが認識するすべてのことは絶対的に十全であり、十全な観念は、神のうちにあるがままに〔それと同じかたちで〕この私たちのうちにある。いいかえれば私たちがこの神自身についてもつ観念は、私たちが神について認識することについては、神自身がみずからについてもつ観念そのものなのである（V36）。したがって、そうした私たちの認識の絶対的に十全な性格は、ただたんに無限知性〔神の知性〕を様態の身分に還元してその「評価を切り下げる」ところに、消極的にその根拠を置いているのではない。その積極的な根拠は、属性の一義性に――すなわち、実体〔＝神〕の本質をなしていると同時に、個々の様態〔の本質〕に必然的に含まれてもいるこの属性が、実体においても、個々の様態においても、ただひとつの同じ形相をもつところに――ある。私たちの知性と無限知性は、様態ではあるかもしれないが、どちらもその対応する属性を、〔観念の〕対象のうえでは――まさに形相のうえでそれがそうあるがままに――把握〔＝理解〕しているのである。神の観念が十全な認識において根本的な役割を演じることになるだろう理由も、またそこにある。神の観念は、はじめはまず私たちがひとつの用法としてそれを用いる、共通概念と結びついた用法においてとらえられ（第二種の認識）、ついで私たち自身もその一部分であることを知るならば、この観念は、その本来のありよう〔＝本質〕においてとらえられる（第三種の認識）にいたるからである。

＊ 秩序（ORDRE）――→〈自然〉項参照。

＊ 抽象概念（ABSTRACTIONS）――肝心なのは、抽象的な概念と共通概念のちがい、ス

ピノザが『エチカ』でうちたてたこの両者の本性上の相違である〔EⅡ40備考1〕。共通概念とは、二つまたはそれ以上の複数の体〔身体・物体〕が適合・一致をみるとき、いいかえればそれら個々の構成関係が法則にしたがって合一をとげ、本性からのそうした適合や合一に応じてたがいに触発しあうとき、そこに成り立つなんらかの共通なものの観念である。したがって共通概念は、この私たち〔の身体〕がどれほど触発に応えて変様しうるか——私たち自身の変様能力——を表現しており、私たち自身のもつ理解〔=包括・把握〕の力能によって、おのずから説明〔=開展〕される。これとは反対に抽象的な観念は、対象が、それに応える私たちの変様能力を超えてしまい、私たちがその〈理解〉ではなく〈想像〉〔=像としての観念の形成〕に甘んじるとき、そこに生まれてくる。私たちはもはや、相合わさるたがいの構成関係を理解しようとするのではなしに、ただ外在的なひとつの標徴、私たちの想像力を捉えるさまざまの感覚的な形質を取りあげ、それを本質的な特徴に仕立てて、他は度外視するのである（たとえば、直立する動物、笑う動物、ことばを話す動物、理性をそなえた動物、羽のない二本足の動物、等々としての〈人間〉の概念）。構成上の統一、知性によってしか捉えられない各個の構成関係のあいだの合一、〔たんなる外的特徴——形状や機能——には還元できない〕各体個々の内的な構造（fabrica）はそっちのけで、私たちはそれをただ適当に感覚的な類似や差異を割り振ることで置き換えてしまう。そのうえで私たちは、自然における連続、不連続を論じ、恣意的な類比にもとづく秩序をそこにうちたてるのである。

ある意味では、抽象は虚構を前提としている。抽象は、ものごとを表象像によって説明するところに（そして対象となる当の体の内的な本性を、その体がこの私たちの身体に与える外的な結果で置き換えるところに）成り立つからである。しかしある意味では、虚構もまた抽象を前提としている。虚構をつくりあげているのは、連想の秩序や、ときにはまったく外的〔偶然的〕な変形の秩序にしたがって、つぎからつぎへと移る一連の抽象観念だからである（TR62―64「たとえば人間がいきなり動物に変わるというとき、きわめて一般的なかたちで私たちはそういうのであり……」）。いかに非十全な観念において抽象的なものと虚構的なものとが結びついているか、私たちはあとで見ることになろう。

虚構的な抽象観念にもいろいろな種類がある。第一にまず、クラス・種・類といった概念。これは、その種や類の特徴とされるさまざまの感覚的な形質によって定義される（たとえば、犬は吠える動物であるというように）。ところがスピノザは、こうした類と種差による定義の方式に対して、それとはまったく別の、共通概念による定義の方式を対置している。個々の存在をその変様能力によって、いいかえればそれらが触発に応じてどんな変様をとりうるか、どんな刺激に反応し、どんな刺激には応えないか、どんな刺激がその能力を超えてそれらを病いや死にいたらしめるかによって、定義するのである。そうすれば、各存在はそのもてる力能によって分類され、どの存在がどの存在と合い、どの存在とは合わないか、どれがどれにとって食物となりえ、どれとはともにひとつの社会を形成するか、またそれはどのような構成関係のもとでなのかも、見えてくることだろう。一個の人間でも、一個の馬、一個の犬でも同じことだ。それどころか哲学者も酔いどれも、猟犬も番犬も、競走馬も農耕馬も、すべてはそれらおのおのの変様能力によって、そしてなによりもまずそれら自身が自己の生を満たし、全うするそのありようによって、各自がそれに満足して生きるその生（vita illa qua unumquodque est contentum）（EⅢ57）によって、区別されるのである。したがってここには、種や類のような抽象観念とはまったく別の基準によってではあるが、一般性のより大きな、あるいは小さなタイプが存在する。もろもろの属性でさえ、それは実体を類として規定する種差なのではない。各属性はそれぞれの類によって無限であるといわれるが、属性そのものが類なのではない（〈類〉ということばは、この場合、実体の無限の変様能力をかたちづくる必然的な存在形態を示しているにすぎず、属性の各様態はそうした変様そのものなのである）。

第二に、数。もろもろの事物はクラスや類または種のメンバーとして数えられる対象となる以上、数は抽象観念の相関物である。数は「想像〔像としての観念の形成〕の補助」（EP12マイエル宛）であるというのもその意味である。数は、もろもろの存在する様態がいかにして実体から生じ、関係しあっているかを文字どおり「ぬきにして〔＝抽象して〕」それらの様態に適用されるかぎりにおいて、それ自身がひとつの抽象観念なのである。それとは反対に、具体的にこの自然の姿を見てゆこうとすれば私たちはいたるところで無限に出会う。だがなにものも、部分の数のうえから無限なのではない。実体は、二個、三個、四個……の属性ではなく、端的に無限に多くの属性をもつものとして定立される（EP64シュラー宛）。個々の存在する様態は、無限に多くの部分〔外延的諸部分〕から成り立つが、これも数のうえからそれが無限にあるということではない（EP81チルンハウス宛）。したがって数的な区別は、たんに実体について適用されないばかりではなく、各個の様態についても十全には適用をみない。それが実体には適用されないのは、各属性相互の実在的区別がけっして数的なものではないからであり、それが様態にも十全には適用されないのは、数的区別が様態の本性や様態的区別をたんに抽象的にしか、想像にとってしか表現していないからである。

第三に超越的諸概念。これは、もはや種や類的な特徴のように各個の存在間の外的な差異を確立する概念ではなく、一般的な〈存在〉という概念や他のそれと同等の一般性をもつ概念のように、超越的な価値を付与され、空無との対立において確立される諸概念のことである（存在―非存在、一―多、真―偽、善―悪、秩序―無秩序、完全性―不完全性、……）。こうして、内在的な意味しかもたないものが超越的な価値として提示され、相対的な対立しかもたないものが絶対的な対立をもって定義されることになる。たとえば〈善〉や〈悪〉は具体的ないい・わるいからの抽象概念だが、この〈いい〉とか〈わるい〉とかは〔超越的、普遍的な概念ではなしに〕個々特定の存在する様態についていわれることであり、その様態がとるさまざまな変様形態を、様態自身の活動力能の変化の方向に応じて形容しているにすぎないのだ（EⅣ序文）。

幾何学的存在。これは特殊な問題を提起する。なるほど幾何学的図形はあらゆる意味で抽象的な概念であり、たんなる思考上の存在ではある。それは種別的特徴をもって定義され、数と同様の〔想像の〕補助手段でしかない尺度をもって測られるだけでなく、なによりもまず何らかの空無〔否定にもとづく限定〕を内に含んでいるからだ（EP50イェレス宛）。けれども、他の思考のうえだけの存在が真の原因に対する無知を必然的に含んでいるのとは異なり、幾何学的存在については十全な原因を指定することができる。じっさい私たちは、図形の種別的特徴による定義（たとえば、円とは、中心と呼ばれる同じ一点から等距離にある点の軌跡である）に代えて、発生的定義（円とは、一端が固定し他端が運動する任意の線によって描かれる図形である（TR95―96）、あるいは球とは、半円の回転によって描かれる図形である（同72））をとることができるのである。なるほど、それでもなおそれはひとつの虚構であり、抽象されたものと虚構されたものとの連関にもとづいていることに変わりはない。いかなる円も、また球もこの自然のうちにそのようにして生まれるのではないし、どんな個的・特異的な本質もそれによって指定されるわけではないからだ。線や半円の概念にしても、それらに帰せられる運動をそのもの自身が含んでいるわけではない。「私がいま任意に原因を虚構して（fingo ad libitum causam）」（同72）という表現もそこからくる。しかし、たとえ実在の諸事物が諸観念の表象するとおりに生起するとしても、それらの観念はそれだから真であるというわけではない。観念が真であるかどうかはその対象に左右されるのではなく、思惟そのものの自律的な力能に依存しているからである（同71）。それゆえ幾何学的存在の虚構的な原因でも、私たちがみずからの理解する力能を認識するために、神の観念（線や半円の運動を規定している〔原因としての〕神）に到達するためのいわばスプリングボードとしてそれを用いるならば、よい出発点となりうる。神の観念に到達すればいっさいの虚構や抽象はそこで終わり、実在の諸事物がそれら自身の秩序において生起するように、諸観念もこの神の観念からそれら自身の秩序において生じてくるからである（同73、75、76）。幾何学的概念は、それを支えている抽象的な概念を拭い去り、それみずからを拭い去るだけの力をもつ虚構であるというのもそのためだ。いいかえれば幾何学的概念は、抽象概念というより共通概念に近いのであり、『知性改善論』におけるそれは『エチカ』で共通概念が果たす役割を予感させるものを含んでいる。この共通概念にしても、いかにそれが複雑な関係をもって想像力と結びついているかを私たちは別のところで見ることになろう。いずれにせよ幾何学的方法は、その場合でも同じ意味とひろがりをもつことだろう。

＊ 超越的諸概念（TRANSCENDANTAUX）――→〈抽象概念〉項参照。

＊ 出会い（RENCONTRE［OCCURSUS］）――→〈いい―わるい〉項、〈自然〉項、〈必然〉項、〈変様、情動〉項、〈力能〉項参照。

＊ 定義、証明（DÉFINITION, DÉMONSTRATION）――定義とは、ものをそれ自体におい

て(——他と対比してではなしに)とらえたときの識別特徴を述べるものである。しかもそこで述べられる区別は、本質にもとづく区別、そのもの自身に内在する区別でなければならない。まさにこの点でスピノザは、名目的定義と実質的定義の区分を一新している。『知性改善論』95—97をみてみよう。名目的定義は、抽象概念によって(類と種差——人間とは理性的な動物である)、あるいは諸特性によって(神とは無限に完全な存在である)、特質によって(円とはひとつの同じ点から等距離にある点の軌跡である)くだされる定義である。したがってそれは、ものをまだその外からとらえた規定を抽出するところに成り立っている。これにたいして、実質的定義は発生的な定義であり、そのものの原因、その発生の要素を述べるものである。とりわけ鮮やかな一例がスピノザによって展開されている(『エチカ』第三部)。欲望の名目的定義(「自意識をともなった衝動」)は、「その意識の原因」(すなわち触発による変様)をこれに加えれば、実質的定義となるというのである。実質的定義のこうした因果的あるいは発生的な性格は、被産出物(たとえば、円とは一端が固定された直線の運動〔によってできる図形〕である)だけではなく、〔産出者である〕神自身についてもあてはまる(神とは無限に多くの属性から成る存在である)。じっさい神が、原因ということばの完全な意味において自己原因であり、そのもろもろの属性が真の形相的な原因であるかぎり、神には発生的定義が適用されなければならないのだ。

実質的定義は、したがってア・プリオリな〔すなわち原因から結果に向かう〕ものでありうる。しかしア・ポステリオリな〔結果から原因に向かう〕実質的定義もある。これは存在する個物、たとえば一個の動物や人間が、その身体のなしうること（力能、〔触発に応じて〕変様する能力）によって定義される場合である。この場合、力能は本質そのものだが、触発に応じてさまざまな変様をおぼえる以上、経験的・実験的にしかそれを知ることができないのである。最後にまた、たんなる思考上の存在でさえも、ある場合にはそれについて実質的定義をもつことができる。というのは、たとえば幾何学的図形は、それ自身は抽象的な存在であり、その意味ではたんなる名目的定義にすぎないが、同時にこれは一個の「共通概念」の抽象された観念であり、この観念は、その原因から実質的定義においてつかむことができるからである（さきに挙げたように、たとえば円にも名目的、実質的な二つの定義が存在する）。

証明は、定義からの必然的な帰結であり、少なくともこの定義されたものがもっているひとつの特質を、結論として導き出すものである。しかしその定義が名目的であるかぎりは、どの定義からも、それぞれひとつの特質しか導き出すことができない。他の特質を証明するには、他の対象、他の観点をそこに導入し、外部のものにその定義されたものを関係させなければならない〔EP82および83〕。まさにその意味では、証明は、この当のものにとって外在的な運動にとどまっている。けれどもこの定義が実質的な定義の場合には、証明は、そのもののもつすべての特質を導き出しうるものに変わり、同時にこのとき、証明はそれ自身ひとつの知覚〔「精神の眼」〕と化す。すなわち、その当のものに内在する運動をつかむのである。このとき証明は、外在的な観点とは無関係に、定義とひとつながりに連結するものとなる。もはや知性がものを〔外から〕説明するのではなく、もの自身が知性のうちにおいて「おのずから開展〔＝説明〕をみる」ようになるのである。

＊　特性（PROPRES）——本質からも、本質から生じるもの（特質 propriétés、帰結、結果または効果）からも、同時に区別される。第一にまず、特性は本質ではない。特性は、ものがそれなしにはなりたたないようなものをなんら構成せず、なんらものを私たちに認識させもしないからだ。しかし特性は、本質と切り離すことはできない。特性は本質それ自身のとる様相だからである。他方また、特性は、本質から生じるものとも混同されない。本質から生じるものは、特質のように論理的な意味で生じるにせよ、結果または効果のように物理的な意味で生じるにせよ、本質からの一産出物であり、それみずからも〔この本質とは別の〕ひ

とつの本質をもつからである。

スピノザは、神の三種類の特性を区別している（『短論文』I、2－7章）。神的本質の様相という第一の意味では、特性は、あるものは神のすべての属性についていわれ（自己原因、無限、永遠、必然、……）、あるものは特定の属性についていわれる（全知〔思惟属性〕、遍在〔延長属性〕）。第二の意味では、特性は、神をその産出物との関係において形容する（万物の原因、……）。第三の意味では、特性は、ただたんに私たちが神に擬している外在的な規定を指示するにすぎない。私たちは神の本性を理解していないがためにそうしたかたちで神を想像するのであり、私たちにはこれが生活の規律や服従の原理としての役割をはたすのである（正義、慈愛、……）。

神の本質、いいかえればその本性は、いつもなおざりにされてきた。しかもその理由は、それが特性と混同され、そうした特性と〔神の本質をなしている〕属性との本性上の差異がみすごされてきたところにある。これは神学の根本的なあやまちであり、哲学全体にもそれが深い禍を及ぼしてきたのだった。たとえば、ほとんどすべての啓示にもとづく神学は上記の第三種の特性にとどまっており、神の真の属性や本質については何も知らないにひとしい（TTP第2章）。理性にもとづく神学にしてもたいして変わりがあるわけではなく、第二種、第一種の特性に到達すればそれで満足してしまう。だから、たとえば〔デカルトのように〕神の本性を〈無限に完全〉をもって定義したりもするのである。卓越性や類比によって神を論じる議論は、どこまでいってもこの一般的な混同を抜け出ることができない。こうした議論は、神に人間的・擬人的な性格を付与し、ただそれを無限の域にひきあげればよいと考えているからである。

＊　内在〔内在性〕(IMMANENCE)　⟶　〈原因〉項、〈自然〉項、〈属性〉項、〈卓越性〉項参照。

＊　認識（三種の認識）(CONNAISSANCE, GENRES DE—)　——認識とは、主体のおこなう作業ではない。観念が精神のうちに定立をみることである。「けっして私たちが、事物についてなにごとかを定立したり否定するのではない。事物みずからが、私たちのうちで、自身についてなにごとかを定立または否定するのである」(『短論文』II、16章の5)。知性と意志の二つの要素をそこに区別するような、いっさいの分析的な認識のとらえ方をスピノザはしりぞける。認識とは、観念の自己定立、観念の「開展」すなわち発展であり、本質がおのず

から特質のうちに、原因がおのずから結果のうちに開展をみる（EⅠ公理4、Ⅰ17）のと同じことなのだ。したがって観念の定立としての認識は、そのかぎりでは(1)観念の重層化〔観念の観念（の観念……）〕としての意識からも、(2)観念によるコナトゥスの決定としての情動からも、区別されることになる。

しかし、認識にも種類があり、私たちのあり方〔存在・生存の様態〕がちがえばそのありようそのものもちがってくる。認識のありようは、そのままそれに応じた一定のタイプの意識や情動に引き継がれる――触発に対する変様の能力はどんな場合にも必ず満たされる――からである。この認識の種類をめぐるスピノザの説明は、著作によってかなり大きく変化しているが、その最大の理由は中核となる〈共通概念〉の身分が『エチカ』にいたるまで確立されなかったところにある。最終的に定式化された表現では（EⅡ備考2）、第一種の認識は、なによりもまず多義的な標徴――事物に関する非十全な認識を含んだ指示標徴、法則に関する非十全な認識を含んだ命令標徴――によって定義される。この第一種の認識は、あるがままでは十全な観念をもつにいたらない私たち人間の存在の自然的条件を表現しており、一連の非十全な観念の連鎖、そしてそこから生じる受動的感情―情動の連鎖がこれをかたちづくっている。

第二種の認識は共通概念によって定義される。共通概念とは、構成関係の合一・形成（の認識）であり、合一をみる構成関係のもとに個々の存在する様態間の出会いを秩序立てようとする〈理性〉の努力である。受動的情動は、この共通概念自身から生じる能動的な情動によって、ある場合には裏打ちされ、ある場合にはそれにとって代わられるのである。しかし共通概念は、抽象的な観念でこそないが、まだ一般的な観念で、どこまでも存在する様態にしか適用されず、まさにその意味ではこれは、個的・特異的な本質そのものを私たちに認識させるものではない。本質を私たちに認識させてくれるのは、第三種の認識である。そのときはもう属性も、すべての存在する様態に適用されうる共通な（すなわち一般的な）概念としてとらえられるのではなく、属性がその本質をなしている実体にも、属性がそれを個的・特異的な本質として包容しているすべての様態の本質にも、そのまま共通する（すなわち一義的な）形相としてとらえられるのである（EV36備考）。私たち自身と、神と、他のもろもろの個物と、この三者の十全な観念をひとつに結ぶ三角形が、第三種の認識を象徴的に表している。

切れ目は、第一種と第二種の認識のあいだにある。第二種をもって十全な観念と能動的な情動は始まるからだ（EⅡ41、42）。第二種から第三種にかけても、そこに本性上の差異はあるものの、この第三種の認識は第二種を〈生成原因〉(causa fiendi)として生まれるのである(EV28)。私たちを第二種から第三種の認識へと移行させるのは、神の観念である。神の観念は共通概念に結びついているかぎり、ある意味ではたしかに第二種の認識に属している。しかし神の観念それ自身は、共通概念ではない。この観念は神の本質を把握しているからである。このあらたな局面で、神の観念は、いやでも私たちを第三種の認識へと――いいかえれば、神の本質と、私たち自身の個的・特異的な本質と、他のもろもろの個物すべての個的・特異的な本質とをめぐる認識へと――移行させずにはおかないのだ。ただし、第二種の認識が第三種の〈生成原因〉であるとはいっても、この表現は実効をともなう原因というよりむしろ誘因〔機会原因〕という意味で理解されなければならないことも事実である。厳密にいえば第三種の認識は起こる〔=どこかで始まる〕のではなく、どこまでも永遠のものであり、永遠にあるものとしてしか見いだされないからである(EV31備考、33備考)。

また第一種から第二種の認識にかけても、断層はあるとはいえ、やはり一定の誘発的・機会的な関係がそこにはあり、第一種から第二種への飛躍の可能性はこれによって説明されるのである。たとえばまず、私たちが自身の身体と適合をみるような物体または身体と出会うときには、まだその相手の体についても自分自身の体についても十全な観念をもつわけではないが、喜びの受動〔喜悦の念〕（自身の活動力能の増大）を私たちは味わっている。この喜びの受動は、まだ第一種の認識に属してはいるが、その相手と自分の双方の体のあいだにある共通なものについて十全な観念を形成するよう、私たちを促してくれるのだ。また、この共通概念そのものも、じっさいには第一種の混乱した像〔表象像〕と複雑な協調関係にあり、想像力〔感覚的認識〕の一定の性質をよりどころにして成り立っている。この二つのポイントは、共通概念の理論で、重要な一連のテーゼをかたちづくる。

＊ 能動〔能動的情動〕（ACTION）→〈変様、情動〉項参照。

＊ 必然（NÉCESSAIRE）——〈必然〉とは、あるかぎりのもののただひとつの様相、存在の仕方である。およそあるものは、それ自身によってであれ〔実体〕、その原因によってであれ〔様態〕、あるかぎりは必然的なものとしてある。必然性は、したがって一義的なものの第三の形態（属性の一義性、原因の一義性につづく様相の一義性）をかたちづくる。

必然的なものとは、(1) 実体の存在——この存在は実体そのものの本質に含まれており、そのかぎりにおいて必然的である。(2) 無限に多くの属性をもつ実体による産出——この産出は、「万物の原因」が自己原因と同じ意味で語られるかぎりにおいて必然的である。(3)〔直接・間接〕無限様態——これらの様態は、絶対的な本性においてとらえられた属性、あるいは無限に多くの様態的変様をもって様態に変様した属性のうちに、それが産出されるかぎりにおいて必然的である（無限様態の必然性は、その原因にもとづいている）。(4)個々の有限様態の本質——これらの本質はそのすべてがたがいに適合・一致しあい、現実的に無限な直接無限様態の構成部分をかたちづくっている（本質の原因としての神を考えてみよう）。(5)個々すべての存在する様態の、構成関係にもとづく複合〔合一〕と分解を律し、間接無限様態をかたちづくっているもろもろの永遠の真理〔自然の諸法則〕（構成関係の必然性）。(6)各個の存在する様態のあいだで、というより上記の構成関係のもとにそれら個々に帰属している外延的諸部分のあいだで起こる、純粋に外在的な出会い。および、誕生や死、触発による変様といった、この出会いからそれら個々にとって生じるもろもろの外因にもとづく因果的決定（事と次第に応じての必然性）。

〈可能的〉とか〈偶然的〉といったカテゴリーの概念は錯覚、ただし存在する有限様態の編成に根拠を置いた錯覚である。というのも、こうした様態の本質はその様態の存在を決定するものではなく、したがって私たちがその様態の本質のみを考慮するなら、その存在は定立も排除もされず、そうした様態は偶然的なものとしてとらえられるからである（EⅣ定義3）。また、たとえ私たちがその様態を存在させている外在的な諸原因、諸決定を考慮した場合でも（上記の⑹参照）、そうした諸要因がはたらくよう決定されているかどうか知らないかぎりにおいて、私たちはその様態をたんに可能的なものとしてとらえるからである。にもかかわらずしかし、その存在は必然的に決定される。永遠的真理もしくは法則としての各個の構成関係の観点からしても、外在的な諸決定ないし個別的な原因の観点からしても、そうなのだ（上記の⑸ならびに⑹参照）。偶然性も可能性も、それゆえただたんにこの私たちの無知を表現しているにすぎない。スピノザの批判は次の二点で頂点に達する。すなわち、この自然のうちには可能的なものなど何ひとつとしてない。いいかえれば、存在しない諸様態の本質は、立法者たる神的知性のうちに規範もしくは可能性としてあるのではない。これが第一点。この自然のうちには偶然的なものなど何ひとつとしてない。いいかえれば諸存在は、そうしようと思えば別の世界や別の法〔法則・律法〕も選択しえただろう君主のような神的意志のわざによって産み出されるのではない。これが第二点である。

＊ 否定（NÉGATION）――スピノザの〈否定〉に関する理論（否定の根本的除去、否定の

抽象性・虚構性）は、どこまでも肯定的・積極的な区別（distinction）と否定的・消極的な限定（détermination）とのちがいにもとづいている。あらゆる限定は否定である（ＥＰ50イェレス宛）。

(1) すべての属性は実在的に区別される。いいかえれば各属性おのおのの本性は、なんら他をまつことなく、それみずからによって考えられるのでなければならない。各属性はその類あるいはその本性において無限であり、同じ本性をもつなにかによって制限されたり限定されることはありえない。各属性はたがいに他との対立において定義されるとすら言われないだろう。実在的区別の論理は、本性をそれ自体において、それ自体のもつ他とは独立した積極的な本質によって定義するからである。あらゆる本性は積極的、したがってその類において無制限・無限定であり、そうであるからには必然的に存在しなくてはならない（ＥＰ36フッデ宛）。無限な本質としての積極性（本質の肯定性）に、必然的な存在としての定立（存在自体の肯定）が応じるのである（ＥⅠ7ならびに8）。そういうわけで、実在的に区別されるすべての属性は、まさにその区別――対立なき区別――によって、同時にただひとつの同じ実体について定立される。すべての属性はこのただひとつの実体の本質を表現し、存在を表現しているのである（ＥⅠ10備考1ならびに19）。ひとつひとつの属性は、そうした実体の本質をかたちづくる積極的な形相であると同時に、その存在をかたちづくる肯定〔存在の定立〕の力でもある。実在的区別の論理は、本質をともにし存在をともにする、こうした〔どこまでも肯定的な〕もろもろの積極性の論理、定立の論理なのである。

(2)　だが反対に、有限なもの〔個々の存在する様態——私たち自身や他の個物〕は、はっきりと制限され、限定されている。本性においては、同じ本性をもつ他のものによって制限され、存在においては、一定の地点または時点でそのものの存在を否定するような他のなにかによって限定されているからだ。スピノザの「一定の仕方で」(modo certo et determinato) という表現も、たしかに「ある制限され限定された様態のもとに」という意味で用いられている。有限な存在する様態は、その本質において制限され、その存在において限定されている。制限は本質にかかわり、限定は存在にかかわる。どちらも典型的な〈否定〉の二つのパターンである。しかしこれらすべては、あくまでも抽象的にのみ、いいかえれば様態各個を、本質においても存在においてもそれをあらしめている当の原因から切り離して、それだけで〔その様態のうえだけで〕考察する場合にのみ、真であるにすぎない。

というのは、個々の様態の本質は一個の力能の度にほかならないが、この〈度〉はそれ自体としてはなんら限界や限度、あるいは他の〈度〉との対立を意味するものではなく、各本質そのものに内在する積極的な区別を意味しているからだ。それらいっさいの本質あるいは〈度〉は、したがって〔対立するどころか〕すべてが適合・一致しあって、それらに共通の原因によってひとつの無限な全体をかたちづくっている。なるほど個々の存在する様態については、それが〔外的諸条件からの限定を受けて〕かく存在し、はたらくよう決定されること、他の様態と対立することは事実であり、より大きなあるいは小さな完全性〔実在性、存在力〕へと状態が移り変わることも事実である。しかし、(1) それが存在するよう決定されるということは、〔その存在を具現する〕無限数の諸部分が、その様態の本質を特徴づける構成関係のもとにはいるよう外部から決定されるということであり、そうした外在的諸部分は、この様態の本質に帰属はしても、その本質そのものをなしているわけではない。様態それ自体はまだ存在していなくても、あるいはもはや存在しなくなっても、この本質がなにかを欠くわけではない(EⅣ序文末尾)。ただ様態は、存在しているかぎりはすべての自己の部分をつうじて自己の存在を定立する。こうした様態の存在は、したがって〔その本質に内在する実在的区別とは別の〕あらたなタイプの区別、外在的区別なのであり、この外在的区別をとおして様態の本質は持続のうちにみずからを定立するのである(EⅢ7)。(2) 存在する様態は、自己の諸部分を破壊するおそれのある他のもろもろの様態と対立し、他のもろもろの様態

──有害なものであれ有益なものであれ──によって触発されて変様をとげる。自己の諸部分のこの変様のいかんによって、その存在する様態は、ある場合には活動力能を増す、すなわち完全性のより大きな状態へと移行し、ある場合には活動力能を失う、すなわち完全性のより小さな状態へと移行する（〔この変様にともなう情動が〕喜びであり、悲しみである）。しかしつねにそれは、どんな変様を経験しようとそのつどそれに応じて自己がもちうるかぎりの完全性、あるいは活動力能をもつことに変わりはない。したがってその存在は、どこまでも一個の定立〔肯定〕であることをやめず、ただどんな変様をそれがおぼえるかによってその定立のされ方が変化するにすぎない（どんな変様も、やはりそれ自体はなにか積極的なものを含んでいる）。結局、存在する様態もやはり、ある存在力（vis existendi──情動の一般的定義〔EⅢ〕）を定立〔肯定〕しているのである。

様態の存在は、さまざまに変化しうるそうしたいっさいの定立の織りなす体系であり、様態の本質は、多様ないっさいの積極性の織りなす体系にほかならない。スピノザの原則は、否定はなにものでもないということである。何であれ何かがあるものに欠けているのではけっしてないからだ。否定はたんなる思考上の、というか比較のうえの存在にすぎず、私たちがあらゆる種類の本来は区別される存在をひとつの抽象的な概念でくくって、それらを虚構的なひとつの同じ理想に結びつけるところから生まれる。その名のもとに私たちは一方のものが、あるいは他方が、この理想のもつ完全性に欠けると言うのである（EP19ブレイエンベルフ宛）。これは、石が人間でない、犬が馬でない、円が球でない、と言うにひとしい。どんな本性であれ本性は、他の本性をなすものや、他の本性に帰属するものに、それが欠けているわけではない。一属性は他の属性の本性を欠いているわけではなく、その本質をなしているものに応じて、それなりにどれも、あたうかぎり完全である。一個の存在する様態が、それまでの自身に比較して完全性のより小さな状態へと移行するケースでさえ（たとえば目が視えなくなったり、悲しみや憎悪にとらえられる場合でも）、その存在する様態は、いま現在その様態の本質に帰属している変様状態に応じて、それなりにやはり〔いまはいまで〕あたうかぎり完全なのである。自己自身との比較にしても、他のものとの比較以上に根拠があるわけではない（EP21ブレイエンベルフ宛）。要するに、すべての欠如は否定であり、否定はなにものでもないということだ。否定的なものを除去するには、すべてのもの個々をそれに応じたタイプの無限のうちに返してやるだけでよい（無限そのものは区別に堪えないというのは、誤りである）。

否定はなにものでもない（無は特質をもたない）というこのテーゼ自体は、いわゆるカント以前の哲学では特にめずらしいものではない。しかしスピノザはこれに、それまでとはまったくちがう独自の意味を与えて、逆に〔神による〕創造説そのものにこれを向け、いかに無、〈ないもの〉は、何であれなにかあるものにはけっして含まれないかを示すことによって、それを一新したのだった。「本性が制限を要する……と言うことは、なにも言わないにひとしい。ものの本性は、そのものが存在しないかぎり、なにも要求しはしないからである」(『短論文』I第2章(5)注3——畠中訳では同章2番目の注〔パラグラフ分けはされていない〕)。実践的には、否定的なものの除去は、悲しみを基調とするいっさいの受動的な感情に対する徹底した批判をつうじて行われる。

＊　標徴〔記号〕(SIGNE)——第一の意味では、標徴とはつねに結果の観念、ただしその原因からは切り離された条件のもとでとらえられた結果の観念である。たとえば、外部の体〔身体または物体〕が私たちの身体のうえに引き起こす結果は、私たちの身体や相手の体の本質との関係においてではなしに、変動している私たち自身のありようのそのときどきの状態や、私たちがその本性を知らないもののたんなる現前にもとづいてとらえられる(EII17)。こうした標徴は指示標徴であり、混合の結果である。まずはそれはこの私たち自身の身体の

状態を指し示し、同時に副次的に外部の体の現前を指し示している。そうした指示のうえに慣習的記号（言語）の全秩序は成り立っており、この慣習的記号の秩序はすでに多義性によって、いいかえればそれらの指示が連結的にかたちづくる連想連鎖の多様性によって特徴づけられている（EⅡ18備考）。

第二の意味では、標徴とは原因そのもの、ただしその本性も理解されず結果との関係も理解されないままの条件のもとでとらえられた原因である。たとえば、神はアダムに、その木の実は彼の身体にとっては身体の構成関係を破壊する作用を及ぼすだろうから、おまえには毒となろうと啓示したのだが、それを理解するだけの知性をもたなかったアダムには、結果は報い〔神の処罰〕であり、原因は道徳的な法、いいかえればなにかをさせる、あるいはさせないようにするための命令や禁止にもとづく目的因であると解されてしまう（EP19ブレイエンベルフ宛）。アダムは神が彼に標徴〔……せよという合図〕を与えたと思いこんだのだ。こうして道徳的思考は、法則というものに対する私たちの理解を根本から狂わせてしまう。というか、こうした道徳的な法というかたちでの法則のとらえ方が、原因や永遠的真理（各個の構成関係の形成・解体の秩序）に対する真の理解を歪めてしまうのだ。法あるいは法則ということばそのものが、そもそもの道徳的な起源からすでにそこなわれてさえおり

（TTP第4章）、力能の展開の規則ではなしにその制約としてとらえられているほどだ。永遠的な真理、つまり構成関係の形成〔の法則〕は、たんにそれを理解しないというだけでも強制命令として解されてしまうのである。こうした第二の種類の標徴は、したがって命令標徴あるいは啓示の結果であり、これはこの私たちを服従させるという以外のどんな意味ももたない。そして、まさしく神学の最も重大なあやまちは、服従することと認識することとのあいだの本性上の相違を無視し、おおい隠して、服従の原理があたかも認識のモデルであるかのように私たちに思わせてきたところにある。

第三の意味では、標徴とは、そうした歪曲された原因の観念やまやかしの法則理解を外部から支えているものをいう。道徳的な法として解された原因は、そういった解釈やまがいものの啓示が真正であることを肯うなんらかの外的な徴証を必要とするからである。ここでも、標徴は個々人に応じてさまざまに異なる。どの預言者も、自身の想像する秩序や援護がたしかに神から来ることを確信するために、各人の信条や気質に適った標徴〔神のしるし〕を要求するからだ（TTP第2章）。第三種のこうした標徴は解釈標徴であり、盲信の結果である。以上すべての標徴をつうじて一致しているのは、本質的に多義的で想像にもとづく語法をそれがかたちづくり、一義的な表現から成る自然認識的な哲学の語法とはおのずから異なるということだ。だからスピノザは標徴という問題が出されるたびに、そのような標徴は存在しないと答えている（TR36、EI10備考1）。想像による解釈をうながす標徴ではあっても、生きた知性によって開展（＝説明）されるべき表現ではないというのは、まさに非十全な観念の特性にほかならないのだ（開展的な「表現」と指示的な「標徴」との対立については、EII17備考ならびに18備考を参照せよ）。

＊ 服従する（OBÉIR）──→〈社会〉項、〈標徴〉項参照。

＊ 変様（触発＝変様、変様状態）、情動（AFFECTIONS, AFFECTS）── (1) 変様（アフェクチオ）とは、様態そのものである。いっさいの様態は、実体もしくはその属性の変様にほかならないからだ（EI25系、I30証明）。この意味での変様（実体（＝神）の自己触発的な変様）は必然的に能動的である。そうした変様は神の本性を十全な原因とし、それによっておのずから開展（＝説明）されるが、神が受動的にはたらきを受けることはありえないからである。

(2) 準じて〈変様〉は、この様態（実体の変様である個々の身体や精神）自身に起こる変化（様態的変様《モディフィカチオ》）──各様態のうえに他のもろもろの様態が及ぼす影響や結果──を指し示す。

この意味での変様とは、したがって第一にまず像、すなわち物体的・身体的な痕跡であり（EII公準5、II17備考、III公準2）、そうした像の観念は、変様を触発された体自身の本性とそれを触発した外部の体の本性とを同時に含んでいる（EII16）。「〔他の物体や身体との出会いから生じる〕人間身体の変様《アフェクチオ》――この変様の観念によって外部の体は私たちに現前するものとして思い浮かべられるわけだが――（……）これを私たちはものの像《イマーゴ》と呼ぼう。そして、このような仕方で精神が物体や身体を観想するとき、私たちは精神が想像《イマギナリ》する〔像を形成する（＝感覚的に認識する）〕と言うだろう」（EII17備考）。

(3)　だがそうした変様（像または観念）はまた、その変様を触発された当の身体や精神自身のある状態（〔心身の〕状態［constitutio］）をかたちづくってもおり、おのおのの状態には先行状態に比して完全性がより大きい、より小さいということが含まれている。つまり、ひとつの状態から他へ、ひとつの像または観念から他へ、そこには推移というか体験的な移行、持続的継起の過程があり、それをとおして私たちはより大きなあるいは小さな完全性に移行しているのである。それればかりではない。そうした各状態、変様状態（像または観念）は、それを先行する状態に結びつけ後続する状態へと向かわせる一定の持続と不可分の関係にある。そのような持続、いいかえれば完全性の連続的変移が「情動」ないし感情（アフェクトゥス）と呼ばれるのだ。

これまで、変様、変様状態（アフェクチオ〔affectio〕）は概して直接、身体や物体について言われるが、情動（アフェクトゥス〔affectus〕）は精神に関係しているといった指摘がなされてきた。しかしこの両者の真の相違はそこにあるのではない。真の相違は、身体の変様やその観念がそれを触発した外部の体の本性を含むのにたいして、情動の方は、その身体や精神のもつ活動力能の増大または減少を含んでいるところにある。アフェクチオは、触発された身体の状態を示し、したがってそれを触発した体の現前を必然的にともなうのに対して、アフェクトゥスは、ひとつの状態から他への移行を示し、この場合には相手の触発する体の側の相関的変移が考慮に入れられている。感情という情動が特殊なタイプの観念や変様として提示されることはありうるにしても、変様（像または観念）と情動（感情）とは本性を異にするのである。「情動《アフェクトゥス》とは、その身体自身の活動力能がそれによって増大あるいは減少し、促進あるいは阻害されるような身体の変様をいう」（Ⅲ定義3）。「心の受動〔情念〕と呼ばれる情動は、その観念の形成をとおして精神が、以前よりより大きいあるいは小さい自己の身体の存在力を定立する（……）ある種の混乱した観念である」（EⅢ情動の一般的定義）。たしかに情動はなんらかの像または観念を前提し、そうした変様をいわば原因としてそこから生じるが（EⅡ公理3）、それに還元されてしまうのではなく、別の本性をそなえている。情動は状態のたんなる指示や表象ではなしにその推移を表し、二つの状態間の差異を含む持続をとおして体験されるからである。スピノザが、情動は観念間の比較ではないことを明確に示して、いっさいの主知主義的な解釈をしりぞけたのもそのためだ。「私が〈以前よりより大きいあるいは小さい存在力〉と言うのは、精神が現在の身体の状態を過去の状態と比較するという意味ではなく、情動の形相をかたちづくる観念が身体について、以前よりより大きいあるいは小さい実在性を実際に含むものの存在を定立するという意味である」（EⅢ情動の一般的定義）。

ひとつの存在する様態（身体や精神）は、触発に対してそれがとる一定の変様能力によって規定される（EⅢ公準1および2）。それが他の様態と出会うとき、その相手はそれにとって〈いい〉もの、いいかえればその様態とひとつに組み合わさるようなものであることもあれば、反対にその様態を破壊してしまうような、それにとっては〈わるい〉ものであることもありうる。この第一の場合には、その存在する様態はより大きな完全性へと、第二の場合にはより小さな完全性へと移行する。その活動力能もしくは存在力が、場合に応じて増大したり減少するのだといってもよい。相手の様態の力能がそれに加わったり、反対にそれを減じ、抑えとどめたりするからである（Ⅳ18証明）。そうしたより大きな完全性への移行、あるいは活動力能の増大は喜びの情動もしくは感情と呼ばれ、より小さな完全性への移行、あるいは活動力能の減少は悲しみと呼ばれる。こうして変様能力そのものに変わりはなくとも、活動力能は、外的な原因のもとでさまざまに変動するのである。こうした感情としての情動（喜びや悲しみ）が、その前提となる像または観念（私たち自身の体と一致をみる体、みな い体の観念）としての、触発による変様から生じるものであることはたしかだが、起源となったその観念のうえに情動がたち戻るとき、喜びは愛に変わり、悲しみは憎悪に変わる。こうしてつねに、その諸条件も変化するなかで、さまざまな系列の変様や情動が変様能力を満たしているのである（EⅢ56）。

私たちの感情あるいは情動は、他の存在する諸様態との外的な出会いからそれが生じるかぎり、私たちを触発したその相手の体の本性によって、また私たちの状態のうちに混乱した像として含まれるその体の必然的に非十全な観念によって、おのずから開展〔＝説明〕される。こうした情動は、私たちみずからを十全な原因として生まれてくるのではない以上、受動〔受動的情動〕である（Ⅲ定義2）。喜びを基調とし、活動力能の増大によって規定される情動群でさえ、その例外ではない。喜びでも、「〔それによって〕人間の活動力能が増大し、自身や自身の行為〔能動的活動〕を十全に把握するほどまでにならないかぎりは」(EⅣ59証明)受動なのだ。自己の活動力能が質料的にどれほど増大しようと、私たちはみずからが形相的にそれを掌握するのでないかぎり、この力能から切り離されたまま受け身の姿勢にとどまっている。したがって情動の観点からすれば、喜びと悲しみというこの二つの受動的情動の根本的な区別は、まったく別の受動的情動と能動的情動の区別へとさらに進むためのあくまでも準備段階でしかない。なんらかの観念——アフェクチオ〔変様〕の観念——から情動が生じてくることに変わりはない。しかしもしその観念が混乱した像ではなしに十全なものであるとすれば、もしそれがその触発した体の本質を私たちの状態のうちに間接的に含むのではなしに、その本質を直接表現しているとすれば、もしそれが内的なアフェクチオの観念、いいかえればこの私たちの本質と他の諸本質と神の本質との内的一致をしるす自己触発的な変様の観念(第三種の認識)であるとすれば、そこから生じる情動は、それそのものがまさに能動となる(EⅢ1)。このような能動的情動もしくは感情は喜びや愛でしかありえないのはもちろんだが(EⅢ58、59)、これはもはや私たちの完全性ないし活動力能の増大によってではなしに、そうした力能や完全性そのものの形相的所有によって規定されるだけに、きわめて特殊な喜びや愛である。至福の名はまさにこのような能動的な喜びにこそとっておかれなければならない。こうした能動的な喜びの感情は、みかけは受動的な喜びと同様、持続をとおして獲得され展開されるようにみえても、実際には永遠なものであり、もはや持続によって開展〔＝説明〕されるものではない。そこにはもはや推移も移行も含まれていない。そうしたすべての能動的な喜びの情動は、それらを導いた十全な諸観念をもって、永遠の様態のうえでたがいに他をおのずから表現しているのである（EV31―33）。

＊ 法〔法則〕（LOI）――→〈社会〉項、〈標徴〉項参照。

＊ 包括〔把握、理解〕する（COMPRENDRE）――→〈開展する―包含する〉項、〈精神と身体〉項、〈力能〉項参照。

＊ 方法（MÉTHODE）―― (1) 私たちになにかを認識させるのではなく、私たちに私たち自身の認識する力能を理解させること。要点は、したがってこの力能を自覚するところにある。反省的認識、観念の観念である。しかし観念の観念もそのもとになる観念も有効性に変わりはないから、この自覚はまず私たちがなんらかの真の観念をもつことを前提としてい

る。どんな観念かは、たいした問題ではない。幾何学的存在の観念のように虚構を含んだ観念であってもかまわない。かえって実在の対象に依拠しないだけに、これは私たちの認識する力能をいっそうよく理解させてくれることだろう。じじつすでに、この方法はその出発点を幾何学に借りている。幾何学的観念は虚構性を帯び、自然におけるなにものも表していないが、抽象概念の理論の項でもみたように、『知性改善論』ではこの幾何学的観念から出発しているのである。『エチカ』では、共通概念の理論によって、さらに厳密に出発点を指定することが可能となった。ここでは、ひとつひとつは属性の形容を得た〔実在的＝形相的に区別される〕多数の実体から出発するのである。共通概念として用いられるこれらの実体は、幾何学的存在に似通ってはいるが、もはや虚構を含んでいない。いずれにしても、こうして出発点としてとられた真の観念は、観念の観念のうちにおのずから反照され、それが私たちに私たち自身の認識する力能を理解させるのである。以上、これはこの方法の形相的局面である。

(2) しかし真の観念は、この私たちの認識する力能に結びつくと同時に、ここに、その表象内容とは別の、その観念自身のもつ内的な内容を明らかにする。この観念は、形相的に私たちの認識力能によっておのずから開展〔＝説明〕されると同時に、質料的にその観念自身の原因を表現するのである（この原因は、自己原因としての形相因であることもあれば、作用因であることもある）。真の観念はこうして、それがみずからの原因を表現するかぎりにおいて、一個の十全な観念となり、私たちに発生的定義を与える。そこで『知性改善論』では、幾何学的存在には、そのすべての特質が一挙に導き出されるような因果的ないし発生的な定義が適用されるべきであるとされ、また『エチカ』においても、ひとつひとつは属性をもって形容される多数の実体の観念から出発して、それらすべての属性をもつただひとつの（EⅠ9および10）、自己原因としての（EⅠ11）、すべての特質がそこから導き出される（EⅠ16）実体の観念へと移行するのである。この運びは、したがって背進的である。ものの認識からその原因の認識へと進むからだ。しかしこれは総合的な運びである。認識されたひとつの特質――結果の特質――に応じて原因の一特質を決定することに甘んぜず、およそ認識されうるすべての特質の発生理由としての本質にまで達するからだ。この方法はけっして神の観念から出発したのではない。この第二の局面でそれに到達する、それも「できるだけ早く」到達するのである。自己原因としての、まさに原因それ自体としての神にせよ（『エチカ』の場合）、原因がその結果を産むよう決定しているものとしての神にせよ（『知性改善論』の場合）、この神の観念にここで私たちは到達するからである。

(3) この神の観念に到達するやいなや、すべては一変する。というのは、いまや『知性改善論』の観点そのものからも、いっさいの虚構が払いのけられ、さきの総合的方法ではまだ背進的だったものが、一転して、この神の観念を起点にすべての観念が連結しあう前進的な演繹にとって代わられるからである。『エチカ』の観点に立てば、この神の観念は、深く共通概念と結びつき、共通概念として用いられもするが、それ自身は共通概念ではない。この観念は、いっさいの一般概念を払いのけ、神の本質から、実在する個的・特異的な存在としての個物個々の本質へと私たちを移行させる力をもつのである。こうした諸観念〔十全な観念〕の連結は、それらの観念の表象的秩序から、あるいはそれらが表象しているものの秩序から来ているのではない。反対に、それら自身がみずからの自律的な秩序にしたがって連結しているからこそ、それらの観念は各個物をそのあるがままに表象しているのである。方法のこの第三の局面、前進的総合の局面は、他の二つの局面——形相的・反省的局面と質料的・表現的局面——をひとつに統合する。すべての観念は、それらが自身の原因を表現し、かつ私たちの理解する力能によっておのずから開展〔=説明〕されるかぎりにおいて、神の観念を出発点としてたがいに連結しあうのである。精神が「一種の精神的自動機械」であるといわれるのもそのためだ。精神は、まさにみずからの諸観念の自律的秩序をくりひろげることによって、〔その諸観念が〕表象しているものの秩序をくりひろげるからである（ＴＲ85節）。

スピノザの考えているかたちでの幾何学的方法は、この方法の最初の二つの局面には完全に適合する。『知性改善論』では、幾何学的存在における虚構の特殊な性格や、発生的定義を受けいれうるこの幾何学的存在の能力が、また『エチカ』でも、共通概念と幾何学的存在それ自体との深い親近性が、あずかって力となっているからだ。しかも『エチカ』は、その全方法が──冒頭から第五部の定理21にいたるまで──、第二種の認識すなわち共通概念にもとづくがゆえに、幾何学的に展開されていることを認めている（Ｖ36備考参照）。しかし問題は、第三の段階で、私たちが神の観念を共通概念として用いることをやめ、神の本質から実在する存在個々の個的・特異的本質に向かうときに、いいかえれば私たちが第三種の認識に近づくときに、何が起こるのかということだ。幾何学的方法がどこまで届くかという真の問題は、たんに幾何学的存在と実在する存在とのあいだの差異によるのではなく、同じ実在する存在のレベルでの第二種と第三種の認識のあいだの差異によって提起されるのである。ところでスピノザには、証明を「精神の眼」とみなす有名な二つの文章がある（ＴＴＰ第13章、ＥＶ23備考）。この二つのくだりは、まさに第三種の認識について──共通概念を越えた経験と洞察力の領域において――あてはまるものである。したがってスピノザの一般的な方法は、幾何学的手法に、ただたんに予備段階的な価値を割り当てているだけではない。その段階が終了したあとでも、これに対する独自の形相的かつ質料的な解釈によって、幾何学的方法にその通常の限界を越え出る力を伝達していると、結論しなければならないのだ。その狭い用法ではこれにまとわりついている虚構性からも、一般概念の枠からさえも、スピノザの方法はこの方法を解放するからである（ＥＰ83、チルンハウス宛）。

＊　本質（ESSENCE）――「ものの本質とは（……）それなしにはそのものが、また逆にそのものなしにはそれが、存在することも考えられることもできないようなもののことでなければならない」（ＥⅡ10備考）。本質というからには、なにかの本質だが、本質とそのなにかとはたがいに相即の関係にあるというのである。伝統的な本質の定義に付け加えられたこの相即の規定から、三つのことが導かれる。

(1)　同じ属性をもつ複数の実体は存在しないということ（なぜなら、そうした属性も〈属性が実体の本質をなしている以上は〉それら複数の実体のうちのひとつと同時に考えられることになるが、だとすればそれは、他の実体などなくとも考えられうるということになろうからである)。

(2) 実体と個々の様態とのあいだには、本質のうえで根本的な区別があるということ(なぜなら、様態は実体なしには存在することも考えられることもできないが、逆に実体は様態などなくとも十分存在しうるし、考えられうるからである。したがって、属性の一義性、いいかえればもろもろの属性が実体についても個々の様態についても同じ形相のもとに〔一義的に〕語られることは、なんらこの両者の本質上の区別に混同をきたすものではない。属性は実体の本質をなしているが、様態についてはその本質をなすわけではなく、各様態はそれらの属性を含んでいるというにとどまるからだ。属性の一義性は、スピノザにとっても、この本質上の区別を保証する唯一の手段なのである)。

(3) もろもろの存在しない様態〔いま現在、持続のうえでは存在していない個物〕は、神の知性のうちに可能的なものとしてあるのではないということ(なぜなら、そうした存在しない様態も、その本質は神の属性のうちに包容されているのと同様に、その観念は、神の観念のうちに〔(この神の観念の)対象のうえで〕把握されているのである(EⅡ8)。ところがすべての本質は、なにかあるものの本質なのだから、そうした存在しない様態も、その様態それ自体は実在のもの、現実態のものであり、同じ理由によって、その様態の観念も、〔神の〕無限知性のうちに必然的に与えられていなければならないからである)。

実体の本質が存在を含んでいるのは、自己原因であるという実体の特質による。その証明はまず、なんらかの属性をもつものとしての実体一般についてなされ(EⅠ7)、ついで、無限に多くの属性から成る〔ただひとつの〕実体についてなされる(EⅠ11)。二つの段階は、本質が、それを表現している属性との関係でとらえられるか、すべての属性のうちにおのずから表現されている実体それ自体との関係でとらえられるか、そのちがいに応じている。属性は、〔実体の〕本質を表現するからには、この本質が必然的に含んでいる存在を表現しないわけにはいかないということなのだ(EⅠ20)。すべての属性は、〔実体が〕存在し・活動するための具体的なひとつひとつの力であり、本質とは、この〔実体のもつ〕絶対的に無限な、存在し・活動する力能そのものなのである。

では、その本質が存在を含まない——その本質は属性のうちに包容されているにすぎない——個々の様態についてはどうか。様態各個の本質はどこにあるのだろう。神〔実体〕の力能が各様態の本質をとおしておのずから開展〔=説明〕されるかぎり、この本質ひとつひとつはみな、神の力能の一部分なのである(EⅣ4証明)。すでに『短論文』以来、一貫してスピノザは各様態の本質を個的・特異的なものとしてとらえてきた。本質個々のこの区別を否定しているように見える『短論文』のくだりも〔II部第20章注3、ならびに付録II 1〕、じっさいは、それらが持続において存在し外延的諸部分を所有するかぎりにおいてもつ、その外在的区別を否定しているにすぎない。各様態の本質そのものは、あくまでも単純であり〔部分には分かれず〕、永遠のものである〔持続のうちにあるのではない〕。にもかかわらずしかし、この本質個々と属性とのあいだには、またそれら個々相互のあいだには、本質そのものに内在する、これとは別のタイプの区別が存在している。各様態の本質、これは、論理的な可能性でもなければ、幾何学的な構造でもなく、〔神＝実体の〕力能の部分、いいかえれば物理的な強度〔ある度合〔高さ・大きさ〕の力能〕である。強度的・内包的な量が〔外延量とちがって〕より小さな量から成り立っているのではないように、これら個々の本質は部分をもたない——それら自身が部分、力能の一部分なのである。この本質個々は、すべてが他とたがいに適合・一致をみて無限にいたる。どの本質ひとつの産出にも、それらすべてが内包されているからだ。ただこの本質ひとつひとつは一定の力能の度に対応し、他のすべての本質から区別されるのである。

＊ 無限知性〔ENTENDEMENT INFINI〕——→〈知性〉項参照。

＊ 無限（INFINI）――『書簡集』第十二、マイエル宛の書簡は、三つの無限を区別している。すなわち、

(1) 本性上、限界をもたないもの（各属性のように、ある類において無限な場合もあれば、実体のように絶対的に無限な場合もありうる）。この意味での無限は、〈永遠〉、〈単純〉、〈不可分〉とともに、〔その本性自体に存在することが属するような〕必然的存在を含む存在《もの》の一特質をかたちづくる。「もしそうした存在《もの》の本性が限界をもち、また限界をもつと考えられるとすれば、その存在《もの》の本性は、かかる限界の外では存在しないものとして考えられることになってしまうでしょう」（EP35）。

(2) その原因ゆえに、限界をもたないもの。これは、各属性が絶対的にそうした様態においておのずから表現される直接無限様態のことである。こうした無限様態は、不可分にはちがいないが、現実的に無限な、無数の部分――すべてがたがいに他と一致・適合をみ、他と分離することは不可能な部分――をもつ。そのようにして、すべての様態個々の本質は属性のうちに包容されているのである（ひとつひとつの本質は、一個の強度的・内包的部分であり、一個の度合〔力能の度〕である）。したがって、そうした本質のひとつを他から切り離し、

またそれらすべてを産み出している実体から切り離して、それだけを抽象的に考察するならば、私たちはそれを、限界をもつものとして、他に対しては外にあるものとしてとらえることになる。それどころか、本質からはその様態の存在も持続も決定されはしないので、私たちはその持続を、長くも短くもありうるものとして、その存在を、多くも少なくもある〔数えられる〕部分から構成されているものとしてとらえることにもなる。私たちはそれを抽象的に、可分量として把握してしまうのである。

(3) 大小のちがいをもち、〔その大きさ自身にも〕最大・最小はあるが、どんな数をもってしても数では算定することができないもの（マイエル宛書簡では、同心円でない二つの円のあいだの距離〔円周間の間隔〕の、距離差の総体が例に挙げられている）。この意味での無限、これは存在する一個一個の有限な様態に、そしてそれらすべての有限様態が一定の構成関係のもとにかたちづくる間接無限様態にかかわっている。じっさい、力能の度としての様態の本質には、ひとつひとつみな最大限・最小限〔強度の閾〕があり、様態が存在するかぎり、この様態おのおのには、その本質に応じた構成関係のもとに無限数の外延的諸部分（最単純体〔構成素体〕corpora simplicissima）が帰属している。この無限は、その部分の数によっては規定されない。それら諸部分は、どこまでも無限数——どんな数も超える無限に多数——

が組をなしているからである。この無限は、それでいて〔たがいに〕大小のちがいをもつものでありうる。力能の度が他に倍する本質には、二倍の無限数の外延的諸部分が対応しているからである。この大小さまざまに変化する無限、これはまさに個々の存在する様態のもつ無限であり、こうした集合〔有限な大きさをもつ無限集合〕すべての無限集合が、それら個々に特有のすべての構成関係とともに、間接無限様態をかたちづくっているのである。けれども私たちは、抽象的に様態の本質を考えるときには、その存在も抽象的に考えてしまう。それを尺度ではかり、計数して、任意に限定されるある数（部分の数）に依存するものとして、それをとらえてしまうのである（上述(2)参照）。

したがって、抽象的にそれをとらえるのでないかぎり、ここには無際限なもの〔ただたんに可能的・不確定的に無限なもの〕は何ひとつない。あらゆる無限は、現実態においてある。いいかえれば、現実的無限〔実無限〕なのである。

＊ 目的因〔合目的性〕（FINALITÉ） ⟶ 〈意識〉項参照。

＊ 有用—有害（UTILE-NUISIBLE） ⟶ 〈いい—わるい〉項参照。

＊　様態（MODE）――「実体の変様《アフェクチオ》、いいかえれば〔実体のように、それ自身においてあるのではなしに〕他のもの〔すなわち実体〕においてあり、またそれによって考えられるもの」（EI定義5）。およそあるかぎりのものは、それ自身のうちにある（実体）か、他のもののうちにあるかのいずれかであり（EI公理1）、様態はこの二者択一の後者をかたちづくる。

スピノザ哲学の最も重要なポイントのひとつは、この実体―様態間の存在論的な関係が、本質―特質間の認識論的な関係、原因―結果間の自然的・物質的な関係と同一視されるところにある〔スピノザにおいては〕原因―結果の関係は、内在性と切り離すことができず、この内在性によって原因はどこまでもそれ自身のうちにとどまりつつ〔外在的、超越的にはたらくことなく〕結果を産出するからである。反対にまた、本質―特質の関係も、力動性と切り離すことができない。この力動性によって、特質はどこまでも無限に多くの特質として現れるのであり、特質は、実体を開展〔＝説明〕する知性によって導き出されるが、これも、この力動性によってそれが実体から産出されることなしにはありえない。実体は〔たんに知性によって説明されるのではなく〕おのずから知性のうちに開展をみ、表現をみるからである。最後にもうひとつ、特質はそれがそこから導き出される本質とはまた別の、固有の本質をそなえているが、これもこの力動性による。これら二つの相〔内在性と力動性〕は、次の一点でひとつに結びついている。すなわち、様態は、存在においても本質においても実体とは異なるが、にもかかわらず同じこの属性――実体の本質をなしている属性――のうちに産み出されるのである。神は「無限に多くの仕方〔様態〕で、無限に多くのもの」を産出する（EⅠ16）。という意味は、この結果はたしかに〔具体的な個々の〕もの、いいかえれば固有の本質と存在をもつひとつひとつの実在の個物だが、それらは、それらすべてがそのうちに産出をみる属性〔実体の属性〕を離れてはどこにもあらず、存在もしないということだ。こうして、およそあるかぎりのもの〈ある〉と述語されるもの）は、そのありようそのものは（実体と様態とでは）まったくちがっていても、（属性において）一義的に〈ある〉と言われる〔存在の一義性がつらぬかれる〕のである。

スピノザはくりかえし、様態がたんなる虚構や思考上の存在には還元することができないことに注意を促している。様態には、様態にしかない特殊性があり、独自の原理が要求されるからである（たとえば、様態における多様なものの統一――EP32、オルデンブルク宛）。しかも様態のこの特殊性は、その有限性にもとづくというよりは、様態には様態の無限がある、その無限のタイプに、もとづいている。

直接無限様態〔思惟のそれは無限知性、延長のそれは運動と静止〕。これは、その原因ゆえに無限な様態であり、〔実体や属性のように〕本性によって無限なのではない。この無限は、現実的に無限な、無数の互いに他と切り離すことのできない部分を含んでいる〔たとえば神の観念の部分としての本質個々の観念、あるいは無限知性の部分としての個々の知性、また〔すべての身体や物体のもつ〕基本的な力としての各体個々の本質〕。間接無限様態、これは、延長については〔無限に多様に変化しながら全体としてはひとつの恒常性を保つ〕全宇宙の相（facies totius universi）、いいかえれば運動と静止にもとづくすべての構成関係の総体のことである。個々の様態は、存在するかぎりはこの構成関係のもとに決定されるのである。思惟のそれは、おそらく〔スピノザ自身は明言していないが〕存在する様態の観念としての個々の観念がそのもとに決定される、観念上の構成関係〔の総体〕であろう。したがって個々の有限な様態は、(1) その本質のうえでは、直接無限様態においてすべてがたがいに一致・適合をみる他の無限に多くの本質と、(2) その存在のうえでは、間接無限様態に含まれるさまざまな構成関係にしたがってその様態の〔存亡・消長の〕原因となる、他の無限に多くの存在する様態と、(3) また最後にもうひとつ、存在する各様態みずからが固有の構成関係のもとに現実的に有している、無限に多くの外延的諸部分と——切り離すことができないのである。

＊　欲望（DÉSIR）⟶〈意識〉項、〈力能〉項参照。

＊　預言者（PROPHÈTE）⟶〈標徴〉項参照。

＊　喜び―悲しみ（JOIE-TRISTESSE）⟶〈いい―わるい〉項、〈変様、情動〉項、〈力能〉項参照。

＊　力能（PUISSANCE）――『エチカ』の根本的なポイントのひとつは、神について専制君主はおろか啓蒙君主的なそれさえ含めたいっさいの権力（ポテスタス）を否定しているところにある。これは、神は意志ではない――たとえその意志が立法者的な知性によって啓発されたものであろうと――からである。神は、知性のうちに可能的にものごとを抱懐し、意志によってそれを実現するのではない。神の知性といえどもひとつの様態にすぎず、それによって神はみずからの本質と、そこから帰結するもの以外のなにものも包括しているわけで

はない。神の意志にしても、すべての結果がそのもとに神の本質あるいは神の包括しているものから生じてくる一様態でしかない。それゆえ神は、権力（ポテスタス［potestas］）をもつのではなく、たんにその本質にひとしい力能（ポテンチア［potentia］）をもつにすぎない。この力能によって、神はその本質から生じるいっさいのものの原因となり、また自己自身の、すなわちその存在が本質に含まれるような神みずからの存在の、原因となるのである（EⅠ34）。

すべての力能《ポテンチア》は〔可能態《ポテンチア》ではなしに〕現実態《アクトゥス》であり、現に活動中の力としてはたらいている。力能が現実態であるということは、こう説明される。すなわち、すべての力能はどれほど触発に応じて変様しうるかという能力と不可分に結びついているが、この変様能力はそれを具現するもろもろの変様によって、たえず必然的に満たされているからである。ポテスタス〔能力〕ということばも、ここにその正当な用法を取り戻す。「神の能力《ポテスタス》のうちに（in potestate）あるものは、神の本質から必然的に生じるように、その本質のうちに包括されていなければならない」（EⅠ35）。いいかえれば、本質としてのポテンチアには一定の変様能力としてのポテスタスが対応しており、この能力は神が必然的に産み出すさまざまの変様、すなわち個々の様態によって満たされるが、神は他から受動的にはたらきを受けることはありえず、能動的にみずからそうした変様の原因としてはたらいているということである。

神は二重の力能をもつ。絶対的な存在する力能と、絶対的な思惟する力能である。存在する力能はいっさいのものを産出する力能に通じ、思惟する力能、したがって自己を把握〔理解〕する力能は、産出されるいっさいのものを把握する力能に通じている。二つの力能は絶対者のいわば両側面である。この二つを、私たち人間の知る二つの無限な属性〔延長と思惟〕と混同しないようにしよう。明らかに、延長属性だけでこの存在する力能は尽くされはしない。この力能は無条件・無制約の一全体であり、すべての属性を形相上の条件としてア・プリオリに有しているのである。思惟属性はどうか。この属性もそれ自身は、存在する力能に帰するそうした形相上の条件の一部をなす。すべての観念は〔それが対象のうえでもつ存在とは別の、観念自体としての〕形相上の存在をもち、それをもってこの思惟属性のうちに存在しているからである。だが思惟属性には、もうひとつの側面があることも事実である。それひとつだけでこの属性は、すべての〔＝すべてのものが観念の対象のうえでもつ〕対象上の条件——無条件・無制約の一全体としての絶対的な思惟する力能がア・プリオリに有する条件——をなしているからだ。こうした理論が、心身並行論に反するどころか、そのかなめとなっていることを、すでに私たちは〈精神と身体〉の項で〕みてきた。ここで肝心なのは、存在する力能にたいしてすべての属性が厳密に対等であることと、絶対的な本質に対してこの二つの力能が厳密に対等であることとを、混同しないことである。

様態〔ひとつひとつの身体や精神〕もまた、その本質は一個の力能の度であり、神的力能の一部分、一個の内包的・強度的な部分である。「人間の力能も、それが人間自身の現実的な本質によっておのずから開展〔=説明〕されるかぎり、神、すなわちこの自然の、無限な力能の一部分である」（EⅣ4証明）。この様態が存在へと移行する〔存在する様態となる〕のは、無限に多くの外延的諸部分が、その様態の本質あるいは力能の度に対応する一定の構成関係のもとにはいるよう、外部から決定されるからである。そのとき、そしてそのときはじめて、この本質それ自身も、コナトゥスあるいは衝動として規定されることになる。これ〔存在する様態の本質〕は、存在に固執する、いいかえればそれ特有の構成関係のもとにこれに帰属している諸部分を保持し更新して、存在しつづけようとする傾向をもつのである（コナトゥスの第一の規定――EⅣ39）。とりわけコナトゥスは、〔ライプニッツのそれのように、可能態から〕現実存在への移行の傾向として理解されるべきではない。まさに様態の本質は可能的なものではないがゆえに、一個の物理的実在であって何ひとつ欠けるものではないがゆえに、〔あるべき完成を求めて〕現実存在へ移行しようなどとはしないからである。そうではなく、ひとたびその様態が存在するよう決定されれば、すなわちその構成関係のもとに無限に多くの外延的諸部分を包摂するよう決定されれば、この本質は存在に固執してどこまでも存続しようとする。存在に固執するとは持続するということである。したがってコナトゥスは無際限の持続をうちに含んでいる（EⅢ8）。

ちょうど力能（ポテンチア）としての神の本質には、触発に応じて変様しうる能力（ポテスタス）が対応しているように、力能の度（コナトゥス）としての存在する様態の本質には、触発に応じて変様しうる力量（アプトゥス〔aptus〕＝有能さの度合）が対応している。そういうわけで、第二の規定では、コナトゥスはそうした力量を維持し最大限にそれを発揮しようとする傾向であるとされる（Ⅳ38）。この力量〔有能さ〕という概念については、『エチカ』のII13備考、Ⅲ公準1および2、Ⅴ39を参照されたい。ちがいは次の点にある。実体〔すなわち神〕の場合には、その変様の能力は必然的に能動的な変様によって満たされる。実体がそうした変様（個々の様態そのもの）を産み出しているからだ。個々の存在する様態の場合には、その変様の力量はやはりいつも必然的に満たされてはいるが、それを満たすのは、まずはその様態みずからを十全な原因としない、他の諸様態によってその様態のうちに産み出されるもろもろの変様（アフェクチオ）や情動（アフェクトゥス）である。この種の変様や情動は、したがって想像〔触発による表象像の形成〕であり、受動的感情である。情動《アフェクトゥス》（感情）とは、まさにコナトゥスが、自身に起こる変様（アフェクチオ）によってあれこれするよう決定される際にとる、その姿にほかならない。コナトゥスを決定するそうした変様が意識の原因であり、しかじかの変様のもとで自身を意識するにいたったコナトゥスが、欲望と呼ばれる。欲望とはつねに何かについての欲望なのである（EⅢ欲望の定義）。

　そういうわけで、一個の力能の度としての様態の本質は、その様態が存在し始めたときから、コナトゥスとして、いいかえれば存続しようとする努力もしくは傾向として規定されることになる。傾向とはいっても存在への移行のそれではなく、その存在を維持し確立しようとする傾向である。力能はどこまでも現実態であることをやめるわけではないからだ。しかし純粋にその本質だけからみれば、すべての様態の本質は、たがいに神的力能の内包的部分として適合・一致しあう。存在する様態については、それとはわけがちがう。それぞれの様態には、その本質あるいは力能の度に対応する一定の構成関係のもとに、外延的諸部分が帰属しているから、ある様態が他の様態の諸部分を誘ってあらたな構成関係のもとにはいらせるといったことも、つねに起こりうる。こうしてその構成関係を破壊された存在する様態は、当然のことながら衰弱し、死にいたることさえありうる（EⅣ39）。そうなれば、その様態が無際限の持続としてうちに含んでいた持続も外部から終わりを迎えることになる。ここでは、したがってすべてが力能間のたたかいとなる。存在する様態どうしは、必ずしもたがいに適合・一致をみないのである。「自然のうちには、それよりもっと力能も大きくもっと強い他のものが存在しないようないかなる個物もありえない。どんなものにも、それを破壊しうるような他のもっと力能の大きいものが必ず存在する」（EⅣ公理）。「〔第四部の〕この公理は、一定の時間および場所との関係において考察されるかぎりでの個物にかかわっている」（EⅤ37備考）。死が不可避であるのも、けっして死が存在する様態に内在しているからではない。それどころか反対に、存在する様態が必然的に外部に向かって開かれているからであり、それが必然的にさまざまな受動を経験し、その存立基盤となる構成関係の部分に害を与えかねない他のもろもろの存在する様態に必然的に出会うからであり、特有の複合構成関係のもとにそれに帰属している外延的諸部分がたえず外部から規定され、触発されつづけるからである。けれどもそうした様態の本質は、ちょうどそれが存在へと移行しようとする傾向などまったくもたなかったのと同様、その存在を失っても〔本質としては〕何も失うわけではない。それはただ外延的諸部分を失うにすぎず、そうした外延的諸部分はその本質そのものをなしているわけではないからだ。「いかなる個物も、より長い時間それが執拗に存在しつづけたからといって、より完全であるということはできない。ものの持続は、そのものの本質からは決定されえないからである」(EⅣ序文)。

したがって、一個の力能の度としての様態の本質は、様態が存在し始めたそのときからもはやそれを保持しようとする努力つまりコナトゥスでしかなくなるが、これは本質の域では(内包的部分としては)必然的に適合・一致をみていた各個の力能が、存在の域においては(一時的に外延的諸部分がそれら個々に帰属しているかぎりでは)もはや適合しあわなくなるからである。そうなればもう現実態の本質は、存在においては自己保持の努力としてしか、いいかえればいつそれを凌駕するかもしれない他のもろもろの力能とのせめぎあいとしてしか規定されえないのだ(EⅣ3および5)。この点で私たちは二つの場合を区別しなければならない。存在する様態は、自分と適合し、たがいの構成関係が合一をみるような他の存在する様態(たとえば、かたちはそれぞれまったくちがうが、食べ物、愛するもの、友など)に出会う場合もあれば、適合せずにそれによって破壊されてしまうおそれのある他の存在する様態(毒物、嫌悪するもの、敵)に出会う場合もある。第一の場合には、その様態の触発に対する変様の力量は、喜びや愛を基調とする一群の愉悦の情動(感情)によって満たされるが、他方の場合には悲しみや憎悪を基調とする一群の暗い情動(感情)によって満たされる。

いずれのケースでも、触発に対する変様の力量は当の変様（出会った対象の観念）に応じて必然的に、満たされるべくして満たされる。病いにおちいることとさえ、そうした力量の一端として達成されるのである。しかし、この二つのケースは次の点で大きなちがいをもっている。悲しみの場合には、コナトゥスとしての私たちの力能はその苦痛となる痕跡〔悲しみや憎悪を引き起こす対象の観念〕にかかりきりになり、その原因となっている対象を排除するか破壊する役目しか果たさない。私たちの力能は固定し、もはや反動的にしかはたらかなくなる。喜びの場合には、これとは反対に私たちの力能はひろがって、相手の力能と一体となり、愛する対象とひとつに結び合う（EⅣ18）。そういうわけで、変様能力そのものは一定であると仮定しても、私たちの力能は、悲しみの情動によって減少をみるあるいは阻害される、喜びの情動によって増大をみるあるいは促進されるものをもっている。喜びはこの私たちの活動力能を増大させ、悲しみはそれを減少させるのだといってもよいだろう。コナトゥスはこのとき、そうした喜びを味わい活動力能を増そうとする努力、喜びの原因となるものや、そうした原因の支えとなり助けとなるものを見いだそう、想像〔表象〕しようとする努力であり、また同時に、悲しみを遠ざけ、悲しみの原因を消滅させるものを見いだそう、想像〔表象〕しようとする努力でもある（EⅢ12、13ほか）。じっさい情動（感情）とは、触発による変様の観念によってあれこれするよう決定されるかぎりにおけるコナトゥスそのものなのだ。したがって、様態の本質は変わらず変様の力量も一定であると仮定されはしても、様態の活動力能（スピノザは存在力ともいっている――EⅢ情動の一般的定義）そのものは、その様態が存在しているあいだ、かなりの変動をみる。それというのも、喜びやその喜びから生じるものは、相対的に活動力能ないしは存在力が増大するようなかたちで変様の力量を満たし、悲しみの場合には逆のことが起こるからである。したがってコナトゥスとは、活動力能を増そう、喜びの情念〔受動的情動〕を味わおうとする努力にほかならないのだ（第三の規定――EⅢ28）。

しかし変様の力量は一定であるとはいっても、あくまでも相対的に一定で、ある限度枠の中に収まっているというにすぎない。同じ一個体でも、幼年期と成年期、老年期とでは、健康なときと病気のときとでは、触発に対する変様能力が同じでないことは明らかである（EⅣ39備考、Ⅴ39備考）。活動力能を増そうとする努力は、したがって変様能力を最大限にもっていこうとする努力と不可分に結びついている（EⅤ39）。コナトゥスはこうして、あるいは力学的に（保存・維持・固執）、あるいは力動的に（増大・促進）、あるいはまた一見弁証法的に（反対物に対する反対・否定的なものの否定）、さまざまに定義されるが、その折り合いを見きわめるのはけっしてむずかしいことではない。いっさいは本質というものの肯定的なとらえ方にかかり、そこから派生しているからだ。まず、一個の力能の度としての理解、これは神における本質の肯定である。コナトゥス、これは存在における本質の肯定である。一定の割合の運動と静止の構成関係つまり変様の能力、これはどこまでも積極的にプラスの量としてとらえられた限度の最大値、最小値である。活動力能ないしは存在力の変動、これもそうしたプラスの閾値の枠内での変動である。

いずれにしても、このコナトゥスによって、存在する様態の権利が定義される。しかじかの触発による変様（対象の観念）に応じて、しかじかの情動（喜びや悲しみ、愛や憎悪……）のもとに、この私が自己の存在保持のためにするよう決定されるすべてのこと（自身に合わないもの・害になるものの除去、自身に役立つもの・合うものの保守）、これはすべて私の自然的権利である。この権利〔自然権〕は私の力能とまったく同一のものであり、いかなる種類の目的とも、いかなる義務の観念とも無縁である。コナトゥスは根本的な原理、第一動者であり、作用因であって目的因ではないからだ。この権利は「争いにも、憎しみにも、怒りにも、欺瞞にも、およそ衝動のすすめに従うなにごとに対しても」反対するものではない（TTP第16章、TP第2章、第8章）。理性をそなえた人間と無分別な人間とは、両者のとる変様や情動によって区別されはしても、どちらもそうした変様や情動に即して自己の存在保持に努めるという点では変わりがない。この観点からすれば両者のちがいは、力能のちがいでしかないのである。

コナトゥスも、すべての力能の状態と同様、つねに現実態においてある。しかしここでのちがいは、この現実態の活動がどのような条件のもとで具現をみるかという点にある。存在する様態は、ただ行きあたりばったりに他の様態と出会い、外部から決定される変様や情動に身をまかせる場合でも、その自然的権利にしたがって自己の存在を保持しようとしつづけることだろう。それを脅かすものをただ破壊するのだとしても、その様態はそれなりに自己の活動力能を増そう、喜びの情念を味わおうと努めているのである（EⅢ13、20、23、26）。けれどもそうした破壊の喜びは、そのもととなった悲しみや憎悪によって毒されているだけではない（EⅢ47）。そうやって偶然の出会いに身をゆだねていては、自分よりもっと力能の大きい、自分自身が反対に破壊されてしまうようなものに出会う危険をたえず私たちは冒し（TTP第16章、TP第2章）、たとえ万事うまく運んだ場合でも、反目と敵対のうちに私たちは他の諸様態と出会うことになる（EⅣ32、33、34）。したがって自己の存在を保持しよう、活動力能を増そう、喜びの情念を味わおう、変様能力を最大限にもっていこうとするその努力も、つねに具現はされてもむなしい結果に終わり、その人間が自身のそうした出会いを秩序立てようと努めないかぎり、成功はおぼつかない。出会いを秩序立てるとは、他の諸様態のなかからみずからの本性に適い、みずからと合一するようなものと、それもまさにそれらが適合・合一をみる局面で、出会うよう努めることである。ところでそうした努力は、まさに〈共同社会〉の努力そのものであり、さらに根本的にいえば〈理性〉の努力である。理性は人間を導いてその活動力能を増大させるばかりではない。それだけならまだ受動的情動の次元のことでしかない。理性はさらに人間を導いて自身のそうした力能そのものを形相的に所有するにいたらせ、理性の形成する十全な諸観念から生じる能動的な喜びを味わわせてくれるのである。こうして存分に達成された努力としてのコナトゥス、あるいは自身に所有されるにいたった力能としての活動力能こそが（たとえ死によってそれがとだえることになろうと）、〈徳〉と呼ばれるのだ。したがって徳とはまさにコナトゥスそのもの、力能そのものであり、作用因にほかならない。ただこの場合は、その具現をとおして、コナトゥスを行使する者みずからが自身の力能を所有するにいたるのである（EⅣ定義8、Ⅳ18備考、Ⅳ20、Ⅳ37備考1）。そういうわけでコナトゥスの十全な表現は、どこまでも自己の存在を保持し理性の導きに従って活動しようとする努力（EⅣ24）、いいかえれば認識へと、十全な観念、能動的な感情へと導いてくれるものを獲得しようとする努力（EⅣ26、27、35、Ⅴ38）であるということになる。

神の絶対的な力能が、存在し産出する力能と思惟し理解する力能の二重の力能であったのと同じように、個々の様態のもつ度合としての力能も二重である。まず、触発に対する変様の力量〔＝有能さの度合〕。これは存在する様態、それも特に身体に関していわれる。そして、知覚し想像〔表象〕する力能。これは思惟属性においてとらえられた様態、つまり精神に関していわれる。「一身体が同時に多くのはたらきをなす、あるいははたらきを受けるうえで、他の身体より大きな力量をもてばもつほど、その精神もまた同時に多くのものごとを知覚するうえで他の精神より大きな力量をもつ」（EⅡ13備考）。しかし、すでに見たように触発に対する変様の力量は一定の活動力能に結びついているが、この活動力能はそうした力量の限度枠のなかで実質的に変動し、いまだ形相的に所有されてはいない。同様に、知覚または想像〔表象〕する力能も、一定の認識または理解する力能に結びつき、それを含んではいるが、いまだそれを形相的に表現してはいない。したがって想像〔表象〕する力能もいまだ徳ではなく（EⅡ17備考）、変様の力量ですらない。理性の努力のもとに知覚や観念が十全なものとなり、情動が能動的なものとなったまさにそのとき、私たちみずからが自身の情動の原因となり、自身の十全な知覚をわがものとするにいたったまさにそのとき、この私たちの身体はその活動力能にゆきつき、私たちの精神もまた、精神の能動的活動にほかならない理解する力能にゆきつくのである。「身体の活動がその身体自身のみに依存することが多ければ多いほど、その活動において他の身体がともにはたらくことが少なければ少ないほど、その精神が判明に認識する力量もまたそれだけ大きい」（EⅡ13備考）。この努力は第二種の認識を通り抜け、第三種の認識まで達して完成をみる。そこまでゆけば、触発に対する変様の力量ももはや受動的情動は最小限にしかもたないし、知覚する力能も、はかない想像や表象は最小限にしかもたなくなる（EⅤ39、40）。まさにそのとき、個々の様態の力能は神の絶対的な力能の内包的・強度的な一部分、一度合としておのずから理解されるのである。そうしたすべての度合は神において一致・適合をみるが、その協和によって何ひとつあいまいになるわけではない。それらの部分は様態のうえで部分をなしているにすぎず、実体としては神の力能は不可分のままとどまっているからである。各個の様態の力能は神の力能の一部分だが、これは神の本質がそうした様態の本質をとおしておのずから開展（＝説明）されるかぎりでのことなのだ（EⅣ4）。全『エチカ』は、当為〔なすべきこと〕の理論である道徳《モラル》とは反対に、まさに力能〔なしうること〕の一理論として提示されているのである。

＊　力量〔有能さ〕(APTITUDE)　──→〈力能〉項参照。

＊　理性（RAISON）──→〈共通概念〉項参照。

＊　類比（ANALOGIE）──→〈卓越性〉項参照。

# 第五章　スピノザの思想的発展（『知性改善論』の未完成について）

アヴェナリウスは、スピノザの思想的発展という問題を提起した。『短論文』における自然主義、『形而上学的思想』におけるデカルト的有神論、『エチカ』における幾何学的汎神論の三つの段階が区別されるというのである。[*1] デカルト的・有神論的な段階というものがじっさいに存在したかどうかには疑問の余地があるとしても、最初期の自然主義と最終的な汎神論とのあいだには、たしかにかなり大きな調子のちがいがあるようにみえる。マルシャル・ゲルーはあらためてこの問題をとりあげ、『短論文』は神＝自然、『エチカ』は神＝実体という等式にもとづいていることを示した。『短論文』の根本的なテーマは、すべての実体はただひとつの同じ自然に属しているということであり、他方『エチカ』のそれは、すべての自然的本性はただひとつの同じ実体に属しているということである。じっさい『短論文』では神と自然が等置されているために、神はそれ自身としては実体ではなく、すべての実体を現出し、それを統一している「存在」であるとされている。したがって実体ということばも、いまだ自己原因ではなしに、たんにそれ自身によって考えられるものであるにすぎず、完全な意義をもつにいたっていない。これにたいして『エチカ』では、神と実体が同一に置かれるところから、ひとつひとつの属性、あるいは〔その属性による〕質的形容を得たひとつひとつの実体は、真に神の本質をなし、それら自体がすでに自己原因の特質をそなえているものとされる。自然主義の強力さに変わりはないけれども、『短論文』では自然と神とが、もろもろの属性から出発して「一致をみる」とされていたのにたいして、『エチカ』では、ただひとつの実体を念頭に置いてこの両者が実体的に同一であることが証明されるのである〔汎神論〕[*2]。『エチカ』では自然はいわば転位され、神とのその同一性は根拠づけられなくてはならなくなる。また、だからこそ産出物としての自然〔所産的自然〕と産出者としての自然〔能産的自然〕の内在的な関係がいっそうよく表現されうるものともなるのである。

この完成された汎神論の段階においては、哲学はただちに神のうちに陣取って、神から始めるものと思われるかもしれない。しかし厳密にいえば、これは正しくない。『短論文』についてならそのとおりだった。『短論文』だけは、神から、神の存在から始めている——たとえそのあおりで第一章と第二章のあいだのつながりに破綻が生じようと、それは覚悟のうえで。だが『エチカ』では、あるいはすでに『知性改善論』で連続的展開の方法を手にした時点で、スピノザはまさに神から始めるこうしたやり方を避けている。『エチカ』では、実体の任意の属性から出発して、すべての属性から成る実体としての神に達している。できるかぎり早く彼は神に達しようとし、その最短コースをみずからつくりだすが、それでも九つの命題が必要とされるのである。また『知性改善論』においても彼は「できるかぎり早く」神の観念に達するために、任意の真の観念から出発していたのだった。ところが、スピノザといえば神から始めると思い込むくせがついてしまっているために、最良の注釈者たちでさえ『知性改善論』の本文には欠落があるのではないか、スピノザの思想には首尾一貫しないところがあるのではないかと推測するにいたっている。[*3] じじつは、こうしてできるかぎり早く、しかし直接的にではなしに、神に到達することは、『知性改善論』でも『エチカ』でもスピノザの最終的な方法の完全に一部をなしているのである。

全般に『エチカ』の展開においては、こうした緩急の速度の問題が重要であることに注意しよう。はじめは相当な速度、しかしけっして一挙にというのではない、大きな相対的速度が、実体としての神に達するために必要とされるが、一転してそこからはすべてがゆったりと、ゆるやかに繰りひろげられてゆく。ときとしてまた、やはりその必要があって、再び加速されることがあるとしても。[*4]『エチカ』はまさに、あるときは早瀬となり、あるときは淵となって流れてゆく、一本の大河なのである。

スピノザの方法は、総合的・建設的・前進的な方法であり、原因から結果へと進む。たしかにそれはそのとおりなのだが、これは、まるで魔術のように、いきなり原因に陣取ってそこから始めることができるということではない。「しかるべき秩序」はじっさい原因から結果へと向かうものではあっても、ただちにこのしかるべき秩序に従うことができるわけではないからだ。[*5]総合的視点に立とうと、分析的視点に立とうと、その出発点には当然、なんらかの結果か少なくとも「所与」の認識があることに変わりはない。だが、分析的方法が原因をその事象のたんなる条件として追求するのに対して、総合的方法は、条件づけではなしに発生の起源、いいかえれば他の事象についての認識をも与えてくれるような充足理由をそこに求めるのである。まさにその意味で、こうした原因の認識はいっそう完全であるといわれ、またできるかぎり早く原因から結果に向かうことにもなるのだろう。総合も、最初はたしかに加速された分析的過程を含んでいるが、どこまでもそれは総合的な秩序の原理に到達するための手段にすぎない。すでにプラトンが述べているように、「仮定〔仮設された前提〕」から出発するのは、帰結や条件に行き着くためではなく、いっさいの帰結や条件が秩序立ってそこから生じてくる「無仮設の」始元の原理へと行き着くためなのだ。[*6]

というわけで、『知性改善論』では「所与の」、すなわち任意の真の観念から出発して、すべての観念がそこから生じてくる神の観念に到達する。また『エチカ』でも、やはり実体の任意の属性から出発して、すべての属性を包括するような、すべてのものがそこから生じてくる実体に到達している。問題は、そうした両者の出発点をもっとつきつめて検討し、『エチカ』と『知性改善論』のあいだの正確なちがいがどこにあるかをはっきりさせることである。さて、『知性改善論』はこの点ではまことに明快である。出発点の仮定としてとられている任意の真の観念は、幾何学的存在の観念だが、この観念はまさに私たちの思惟にのみもとづいているからだ（たとえば「ひとつの同じ点から等距離にある点の軌跡」としての円）。そこから出発して私たちは、出発点のその特質だけでなく他のすべての特質もそこから導き出されるような発生の要素、いいかえれば円の総合的な〔充足〕理由にまで達するのである（「一端が固定し他端が運動する直線によって描かれる図形」〔円の発生的定義〕——この場合、総合はそうした線と運動との結合にあり、これをとおして私たちは、私たち自身のそれを越えた思惟する力能としての神にたどりつく）。[*7]では『エチカ』はどのような運びをとるか、今度はそれをみてみよう。ここでは属性、あるいは〔その属性による〕質的形容を得た任意の実体が出発点の仮定としてとられているが、この属性は共通概念においてとらえられている。そこから出発して私たちは総合的な充足理由、すなわちすべての属性を包括し、すべてのものがそこから生じてくるようなただひとつの実体、あるいは神の観念にまで達するのである。[*8] したがって問題は、幾何学的存在の観念と属性の共通概念という、この二つの出発点のちがいはどこにあるかということだ。

じっさい、共通概念は『エチカ』ではじめて打ち出された考え方だと思われる。これは、それ以前の著作には登場しない。もっとも、それがたんなる用語上の新しさにすぎないのか、それとも重大な結果をともなう新しい概念なのか、肝心なのはその点である。スピノザによれば、すべて存在するものはそれぞれ本質をもつが、同時にまた個々特有の構成関係をもち、この構成関係をとおしてそれらは存在においてたがいに他のものとひとつに組み合わさったり、分解をとげて他のものに姿を変えてゆく。共通概念とは、まさにそうした複数のもの相互のあいだに成り立つ構成関係の合一の観念である。たとえば「延長」という属性がここにあるとしよう。この属性そのものも本質をもつが、この属性が共通概念の対象となるのはその意味でのことではない。この延長においてある身体や物体もそれら自身ひとつひとつ本質をもつが、各体が共通概念の対象となるのはその意味でのことではない。しかし、この延長という属性は、それがその本質をなしている実体にも、それがその本質を包含している個々すべての身体や物体にも、ひとしく共通する形相である。この共通概念としての延長という属性は、いかなる本質とも混同されず、すべての身体や物体の構成上の統一を示しているのである。すべての身体や物体は延長においてである……。もっと条件が限定された場合にも、これと同じ理屈が成り立つ。いまここに、ある身体または物体があり、それが他の特定の体とひとつに組み合わさるとしよう。このとき、ひとつに組み合わさったこの両者の構成関係、いいかえれば両体の構成上の統一によってひとつの共通概念が規定されるが、これはその両部分いずれの本質にも全体の本質にも還元されるものではない。たとえばこの私の身体と、その糧となる食べ物とのあいだにある、なんらかの共通性である。したがって共通概念にも、すべての体に共通するものという上限と、私自身の身体と他との最少限二つの体に共通するものという下限があり、そのあいだを揺れ動くことがわかる。スピノザが、普遍性の最も大きな共通概念と最も小さなそれとを区別するのもそのためである。[*9] また、『エチカ』において自然のもつ特別な意味もそこにある。そうしたもろもろの構成関係の合一、あるいはそうした多様な変化をとおしての構成上の統一が、すべての身体や物体のあいだにある、一定の数ないし一定のタイプの体のあいだにある、特定の体と他とのあいだにある……なんらかの共通性を示すことになるからだ。共通概念とはつねに、各体がその点で適合をみる一致点の観念である。各体はある特定の構成関係のもとに適合し、この構成関係は多少の差こそあれいくつかの体のあいだで具現をみるのである。まさに自然にはその意味でひとつの秩序がある。任意の構成関係が他の任意の構成関係と合一をとげるわけではないからだ。そこには、普遍性の最も大きな共通概念から最も小さなそれにいたる、あるいはその逆の順序の、構成関係の秩序が存在している。

少なくとも四つの観点から、『エチカ』のこの共通概念の理論は決定的な重要性をもつ。第一にまず共通概念は、各個の存在する身体や物体のあいだの構成関係の合一を対象としており、幾何学的概念にはまだ付きまとっていたあいまいさからふっきれている。また、実際にもこの共通概念は、幾何学的というよりは物理・化学的ないし生物学的な理念であり、さまざまな様相のもとに、この自然の構成上の統一を表しているのである。幾何学的というなら、それは自然的、実在的な幾何学、この自然のうちに現に存在する具体的・実在的な個々の存在を関連づける幾何学という意味においてのことである。反対にこれ以前の著作では、幾何学的存在に関して、それがどういう意味で抽象的あるいは虚構的なものにとどまるのか……、その点に大きなあいまいさが残されていた。[*10] けれども、ひとたびスピノザが、共通概念というあらたな身分をもつ概念をつくりだしてみれば、そうしたあいまいさもおのずから了解される。幾何学的概念は、なるほど抽象的な観念、たんなる思考上の存在にすぎないが、これは共通概念から抽象された観念であり、したがって共通概念がそこから救い出されれば、同時に幾何学的方法自体も、これまでその枷となり、抽象概念を介さざるをえなくさせてきた制約から解放されることになる。[*11] 共通概念のおかげで、幾何学的方法は無限にたいしても、具体的・実在的な諸存在にたいしても適当する十全な方法へと生まれ変わるのである。『知性改善論』と『エチカ』のあいだには、したがって大きなちがいがあることがわかるだろう。前者は、まだそのあいまいさをそのまま抱えこんだ幾何学的概念をよりどころとしているが、後者は、いまやそこから脱け出した共通概念をそのよりどころとしているからである。

そこからまた、各種の認識の区分についても大きなちがいが生じてくる。『エチカ』の共通概念は厳密に十全な観念であり、それによって第二種の認識が定義される。これにたいして『短論文』では、そして『知性改善論』においてもなお、この第二種の認識に相当するものは、直接的な確信、もしくは明晰ではあるが十全でない認識として定義されており、どこまでも抽象概念を介した推論や演繹のうえに成り立っているにすぎない。したがって最も高次の、第三種の認識の突然の出現は、『短論文』はもちろん『知性改善論』においてさえも、ひとつの謎として残されてしまう。これにたいして『エチカ』では、共通概念の厳密な十全性によって、第二種の認識の整合性ばかりではなく第三種の認識への移行の必然性も保証されている。この第二種の認識のあらたな身分は『エチカ』全篇で決定的な役割を演じている。これは、それ以前の著作と比べて最も大きな変更をみた部分なのである。といってもそれは、『エチカ』のこの第二種の認識がじつに多様な、予見すらしえないようなさまざまの手順を統合するものではなくなってしまうということではない。構成関係の合一という場では、論理的推論だけがものをいうのではない。あらゆる手だてを傾け、じっさいに物理・化学的、生物学的な実験の算段を重ねてゆかなければならないのだ（たとえば動物相互のあいだの構成上の統一をめぐる探究のように）[*12]。ところが、まさに『エチカ』が共通概念の理論を練りあげるとき、共通概念は、そうした手順がどれほど多様なものであろうと、それらをうちに含むこの第二種の認識の整合性、十全性を保証しているのである。いかなるかたちをとろうと、そこでは「なんらかの実在する存在から出発して他の実在する存在へと」向かうことになるからである。

では、第二種の認識から第三種の認識へどのようにして移行するかを考えてみよう。『エチカ』ではもうその点についてなんのあいまいさも残されていない。第二種の認識と第三種の認識は、どちらもなるほど十全な観念の体系ではあるが、その内実は大きく異なっている。第三種の認識における観念は、個々の本質の観念——属性がかたちづくる、実体そのものの内的な諸本質、またそれらの属性に含まれている諸様態〔各個物〕の個的・特異的な本質、の観念であり、第三種の認識は個々のそうした本質の観念から出発して他の本質の観念へと進んでゆく。だが第二種の認識における観念、これは個々の構成関係——最も普遍性の大きな場合には、存在する属性とそのもとにある無限に多くの様態をひとつに結び合わせ、小さな場合には、その属性において特定の存在する様態相互をひとつに結び合わせている構成関係の観念である。したがって、属性が共通概念の役割をはたし、共通概念としてとらえられるときには、その属性は、それ自身の本質において把握されるのでもなければ、それが適用される個々の様態の本質において把握されるのでもなく、どこまでもそれがその本質をかたちづくっている存在する実体と、それがその本質を含んでいる個々の様態の双方に共通する形相としてとらえられているにすぎない。個々の本質についてはなにも知らなくとも、共通概念から出発することができるのもそのためである。しかし、ひとたび共通概念としての属性から出発すれば、いやでも本質の認識に導かれないわけにはいかない。そのみちすじはこうだ。共通概念は（それら自体はなんの本質もかたちづくらないとはいえ）十全な観念であり、必然的に私たちを神の観念へと導く。ところがこの神の観念は、必然的に共通概念と結びついてはいるが、それそのものは共通概念ではない(それはたんなる構成関係の合一ではなしに、ひとつに合一するすべての構成関係のまさに根源にあるものなのだ)。この神の観念こそが、それゆえ私たちが第二種の認識から第三種の認識へ移行する橋渡しをしてくれることだろう。この観念は、共通概念に向かう一面をもつと同時に、本質に向かう一面をもつからである。[*13]

そういうわけで、共通概念を出発点としてとればすべては明らかとなる。しかしまだ問題は残っている。そうした共通概念を、ではいかにして私たちは形成することができるのだろう。直接的な経験が私たちに与えてくれるのは、どこまでも他の体〔身体や物体〕個々が私たち自身の体のうえにおよぼす結果であって、それら各体をかたちづくっている構成関係ではない。その説明は『エチカ』でもずっとあとにならないと登場しない。経験において私たちが自身の身体と適合しない体と出会う場合には、その体は結果として私たちに悲しみの変様(私たち自身の活動力能の減少)を引き起こす。このケースでは、私たちに共通概念を形成しようという気を起こさせるものはなにもない。双方の体が適合しないとすれば、その不適合は両者が共通にもつものから生まれるのではないからだ。しかし反対に、この私たちが自身の身体と適合する体と出会い、相手のその体が結果として私たちに喜びの変様を引き起こすときには、この喜び（私たち自身の活動力能の増大）は私たちにそうした自他双方の体の共通概念を形成しよう、いいかえれば両者の構成関係を合一させ、両者の構成上の統一を理解しようという気を起こさせてくれる。[*14] 仮にいまここで、すでに私たちが十分喜びの選択をかさねてきているとするなら、私たちのその共通概念形成の術は、双方の体がたとえ不適合に終わる場合でも、十分広範なもっと高い構成のレベル（たとえば、いっさいの体〔身体・物体〕の共通概念である延長属性のレベル）に立てば、その二つの体のあいだには共通のものがあることをとらえることができるだけの力量をたくわえていることだろう。[*15] したがって、共通概念の実践的な形成の秩序は、その理論的な解説の秩序が普遍性の最も大きい概念から小さいそれへと進んだのとは反対に、普遍性の最も小さい概念から大きいそれへと進んでゆくのである。さて、それではなぜ『エチカ』ではそうした説明がすぐ与えられず、そんなにあとにならないと出てこないのかといえば、第二部の段階ではまだその叙述は理論的な提示・説明にとどまり、共通概念の何たるかを示しているにすぎないからだ。だが、どうやって、実践的にはどのような状況でそれは形成されるにいたるのか、また実践上それがどんなはたらきをするのかは、もっとあと、第五部までいってはじめて、それも簡略化された記述をとおして、ようやく理解されるにいたる。共通概念はこの私たちの力能に応じた実践的な理念であることが、いまや明らかとなる。観念にしかかかわらないその提示の秩序とはちがい、共通概念の形成の秩序は情動にかかわり、いかにして精神が「みずからのさまざまな情動を整え、それらを互いに結びつけることができる」かを示しているのである。共通概念はひとつの〈術〉、『エチカ』そのものの教える術なのだ。〈いい〉出会いを組織立て、体験をとおして構成関係を合一させ、力能を育て、実験することである。

したがって共通概念は、哲学の始まりという視点からも、幾何学的方法の及ぶ範囲や『エチカ』の実践的機能といった他のさまざまな視点からも、決定的な重要性をもつ。そして、『エチカ』以前にはそれは登場していないところから、スピノザの最終的な思想的発展がいつなされたのかを、また同時になぜ『知性改善論』が未完のままのこされたのかを決めることもできるのである。この点についてはしばしば勝手な理由（時間がなかったのではないか）や矛盾した理由（実践や応用から切り離された方法に空しさをおぼえたのではないか）——しかし『知性改善論』それ自体、そのような抽象に走ろうとはけっしてしなかった）が挙げられてきた。実際には、『知性改善論』が未完に終わった理由はまことにはっきりしていると私たちには思われる。スピノザは、まさに共通概念を発見し、その考えをつくりだしためにに、『知性改善論』の態勢がいくつかの点で不十分であることに気がついたが、手直ししようとすれば全体を手直しし、そっくり書きかえなければならないだろうことに気づいたのだ。『エチカ』でスピノザが『知性改善論』に言及しながら、その話はいつかまた論をあらためてすることにしようと告げているのも、そのことを言っているのではないかと思われる。[*16]

そして、この仮説を確かなものとしてくれるのは、『知性改善論』そのもののなかでスピノザが、それもまさに執筆された本文の末尾に近いところで、はっきりと共通概念を予感させる表現を用いていることである。よく知られた難解な一節で彼は「確固たる永遠的なものの系列」について述べている。それは個々の本質とは別物だが、〔各個物の存在の秩序を律する〕諸法則をそこに含んでいて、各個の存在するものに適用され、それらの認識を形成するものであるという。ところで、永遠的なものであって、しかもひとつの「系列」をかたちづくるという、この二重の性格をもつものは共通概念をおいてはない。そこには構成関係各個の合一・編成の秩序があるからだ。[*17] したがって共通概念の発見は、まさに『知性改善論』の執筆部分の最終段階、そして『エチカ』執筆の初期にあたる一六六一年から一六六二年頃になされたと推定することができる。しかしなぜスピノザはこの発見によって、すでにできあがっていた現行の『知性改善論』を放棄しなければならなかったのだろうか。それは、共通概念がいま出現したこの時点では、その機能を十分発揮することも、導かれる結果を展開することもできなくなっていたからである。共通概念の発見は、『知性改善論』には遅すぎたのだ。共通概念は哲学の新しい出発点を確保するものとなろうが、ここではすでに出発点は幾何学的観念に決められている。共通概念は存在するものの十全な認識のありようを決定し、またいかにして人がそうした認識のありようから、その最終的なありよう、つまり本質の認識へと進むかを示すものとなるだろう。だが『知性改善論』ではすでに認識の諸様式が規定されてしまっているために、共通概念、あるいは確固たる永遠的なものの系列は、もはやいる余地がなく、したがって最終的な認識の様式では本質の認識とともに排除されてしまう。[*18]結局スピノザは、共通概念を容れ、その機能をはたさせるためには、『知性改善論』全体を書きあらためなければならなかったのだろう。だがこれは、共通概念の登場によってそれまでに書かれていた部分が価値を失うということではない。修正が加えられることになっただろうということである。スピノザ自身は、稿をあらためてそれを論じることを後回しにしても、まずは共通概念の観点から『エチカ』を書く方がよいと考えた。あらたにそれが論じられていたら、それは『エチカ』では末尾でその概略がたどられているにすぎない実践的な諸問題、いいかえればそうした共通概念というものの起源や形成、そして系列をめぐる諸問題を、対応するさまざまな経験とあわせて、それ自体として考察の対象に据えていたことだろう。

# 第六章　スピノザと私たち[*1]

「スピノザと私たち」、この接続の表現は、いろいろな意味がそこに含まれるだろうが、なによりもまず「スピノザのただなかの私たち」という意味をもっている。スピノザをそのただなかからとらえ、また理解しようと努めること。一般にひとは哲学者の第一原理から出発する。だが重要なのはまた第三、第四、第五の原理でもある。すべての属性にとってただひとつの実体というスピノザの第一原理を、知らない者はいない。しかし、すべての身体や物体にとってただひとつの自然、無限に多様に変化しつつ自身もひとつの個体であるような自然、という第三、第四、第五の原理も、みな知っているのではないだろうか。これはもう唯一の実体を定立しているのではない。すべての身体や物体、すべての心、すべての個体がその上にあるようなひとつの内在的な共通平面（プラン）を展《ひら》き延べているのである。この内在の平面《プラン》、結構の平面《プラン》は、心のうちに抱かれる意図や企画、プログラムという意味でのプランではない。それはむしろ、幾何学でいう〔全構成次元にわたる〕切断面、交面であり、ダイヤグラムなのだ。したがって、スピノザのただなかに身を置くとは、このような様態的平面の上に身を置く、あるいはむしろその身を据えることであり、それには当然、生のありよう〔様態〕、生き方がかかってくる。こうした平面《プラン》とはどのようなものであり、またそれはどのようにして建設されるのか。というのは、これはどこまでも内在の平面でありながら、同時にしかし、ひとがスピノザ的な生き方をもって生きようとすれば建設されてゆかなければならない平面でもあるからだ。

ひとつの体〔身体や物体〕をスピノザはどのように規定するか。スピノザはこれを同時に二つの仕方で規定している。すなわち、一方ではひとつの体は、たとえそれがどんなに小さくとも、つねに無限数の微粒子をもって成り立っている。ひとつの体を、ひとつの体の個体性を規定しているのは、まず、こうした微粒子群のあいだの運動と静止、速さと遅さの複合関係〔構成関係〕なのである。他方また、ひとつの体は他の諸体を触発《アフェクテ》し、あるいはそれらによって触発される。ひとつの体をその個体性において規定しているのは、また、その体のもつこうした触発しあるいは触発される力〔変様能力〕なのである。以上二つの命題は、一見きわめて単純なものにみえる。要するに一方は運動的で、他方は力動的な命題にすぎないというように。しかし本当にこれらの命題のただなかに身を据えるならば、身をもってこれらの命題を生きるならば、実際ははるかに複雑であり、ひとは自分でもどうしてかわからないうちに自分がスピノジストになっていることに気がつくだろう。

じっさい、運動的な命題は私たちに言う。ひとつの体は微粒子間の運動と静止、速さと遅さの複合関係によって規定される、と。つまり、それは形やもろもろの機能によって規定されるのではない。全体の形状も、種に固有の形態も、諸々の器官機能も、微粒子間の速さと遅さの複合関係から決まってくる。形態の発展〔成長〕やその発展のなりゆきさえ、そうした微粒子間の複合関係から決まってくるのであり、その逆ではない。肝心なことは、生を、生のとるひとつひとつの個体性を、形として、また形態の発展としてではなしに、たがいに遅くなり速くなりしながら微粒子群のあいだに成り立つ微分的な速度の複合関係としてとらえることだ。それはひとつの内在的プランの上に成る速さと遅さの構成の問題なのである。音楽においてもこれと同じように、ひとつの音楽的フォルムが音の微粒子間の速さと遅さの複合関係から決まることがある。だがこれは音楽だけの問題ではない。生き方において問題となってくることなのだ。ひとは速さ、遅さによっていつのまにか物のあいだにはいりこみ、他のものと結びついている。ひとはけっして始めるのではない。白紙に還元するのではない。

ひとはいつのまにかあいだに、ただなかにはいっているのであり、さまざまなリズムをともにし、また与えあっているのである。

体についての第二の命題は私たちに、ひとつの体のもつ触発しまた触発される力を考えよと言う。ひとつの身体（またひとつの心）を、その形やもろもろの器官、機能から規定したり、これをなんらかの実体や主体として規定したりしないことだ。スピノザにとって、ひとつひとつの身体や心は、実体でもなければ主体でもなしに、様態であることを、スピノザの読者なら誰でも知っている。だが理論としてそう考えるだけでは十分ではない。というのは、具体的に、ひとつの様態とは、身体における、また思考における、速さと遅さのひとつの複合関係であると同時に、その身体や思考のもつ、ひとつの触発しまた触発される力であるからだ。具体的に個々の身体や思考を、ひとつひとつの触発しまた触発される力として規定してみたまえ。ものごとはずいぶんちがってくるだろう。動物であれ人間であれ、これをその形やもろもろの器官や機能から規定したり、主体として規定したりせずに、それがとりうるさまざまの情動《アフェクト》から規定するようになるだろう。どれほどの情動をとりうるか、その触発しまた触発される力の最大および最小の強度閾はどこにあるか、スピノザにはつねにこの考え方がある。どんな動物でもいい。順序はかまわないから、情動のリストをつくってみたまえ。子どもたちにはそれができる。フロイトがそのケースを報告しているあのハンス坊やは、街で馬車を挽いている馬について、ひとつの情動のリストをこしらえている（誇り高い、目隠し革を被されている、速く走る、重い荷を引く、ばったり倒れる、鞭で打たれる、脚でやかましい音をたてる、等々）。たとえば農耕馬と競走馬とのあいだには、牛と農耕馬のあいだよりも大きな相違がある。競走馬と農耕馬とでは、その情動もちがい、触発される力もちがう。農耕馬はむしろ、牛と共通する情動群をもっているのである。

こうした情動群を配分している内在的プラン、この大いなる自然の平面《プラン》に、いわゆる自然的のもの、人工的のものといった区別などまったく存在しないことは明らかである。この自然の内在的プランの上では、どんなものも、それを構成するもろもろの運動、もろもろの情動の組み合い《アジャンスマン》によって規定されるのであり、この組み合いが人工的か自然的かは問題にならない以上、人為的工夫もまた完全にこの自然の一部をなしているからだ。スピノザよりずっと後になって、動物たちの世界を、それらのもつ情動群や触発しまた触発される力によって規定し、記述しようと試みる生物学者、博物学者たちが現れてくる。たとえばJ・フォン・ユクスキュルは哺乳動物の血を吸う生物、ダニについてこれをやってみせるだろう。彼はこの生物を三つの情動から規定する。まず光に反応する情動（木の枝の先端までよじのぼる）、第二に嗅覚的な情動（哺乳動物が枝の下を通るときにその上に落下する）、第三に熱に反応する情動（毛がなく、熱の高い部位を探す）。広大な森に起こるさまざまなこと、そのすべてのなかにあってたった三つの情動から成り立っている世界。満腹してほどなく死んでゆくダニ、またきわめて長期間空腹のままでいられるダニ、この動物のもつ触発される力は、こうして最高の強度閾、最低の強度閾をもつ。[*2] 動物であれ人間であれ、その身体をそれがとりうる情動群から規定してゆくこうした研究にもとづいて、今日エトロジー〔éthologie＝動物行動学、生態学〕と呼ばれるものは築かれてきた。それは動物にも私たち人間にもそのまま通用する。とりうる情動を誰もあらかじめ知りはしないからだ。長きにわたって実験をつみかさね、息長く慎重に、スピノザ的な知恵をもってすすめられる仕事であり、必然的にこれはひとつの内在の平面《プラン》、結構の平面《プラン》の建設をともなっている。スピノザの〈エチカ〉はモラル〔人間的道徳・倫理〕とは何の関係もない。彼はひとつのエトロジーとして、いいかえれば、そうした内在の平面の上でさまざまの速さと遅さ、さまざまの触発しまた触発される力がとげる構成の問題として、これをとらえているのである。だからこそ彼は真実叫びをあげて言うのだ。君たちは、良きにせよ悪しきにせよ、自分に何ができるか知ってはいない。君たちはひとつの身体、またひとつの心が、ある出会いにおいて、ある組み合いにおいて、ある結びつき合いにおいて、何をなしうるかをあらかじめ知りはしない、と。

エトロジーとはまず、個々のものがそれによって特徴づけられるような速さと遅さの複合関係、触発しまた触発される力についての研究である。個々のものについて、こうした複合関係や触発=変様能力には一定の変位幅や強度閾（最大・最小）があり、固有の変動、変移がある。そして、個を特徴づけているこの関係や力が、世界のなかで、この自然のなかで、その個物に対応するものを、つまりこれを触発しまたはこれによって触発されるもの、これを動かしまたはこれによって動かされるものを、選択しているのである。たとえばある動物について　なら、その動物が、無限の世界のなかで何にかかわらないか、何にたいして正または負の反応を示すか、どんなものがその食物となるか、どんなものが毒となるか、それは、何を自分の世界に「とらえる」か。どんな音符も、それと対位法の関係をなす音符をもつ。植物と雨、クモとハエというように。すなわち、どんな動物も、どんなものも、それが世界と結ぶ関係を離れては存在しない。内部とは選択された外部にすぎないし、外部は投射された内部にすぎない。さまざまな新陳代謝の速さまた遅さ、知覚や行動、反応の速さまた遅さが連鎖しあって世界のなかにその個体を成立させているのである。ところで、第二に、こうした速さと遅さの複合関係には、触発=変様能力には、状況に応じた具現のされ方、満たされ方がある。というのは、この特徴的な関係や力そのものは変わらなくとも、現下の情動がその個体の存立を危うくさせる（その力能を弱め、鈍らせ、最小限にまで縮減させる）か、あるいはこれを強化し、促進し、増大させるかにしたがって、すなわちそれが毒となるか糧となるかにしたがって、その具現のされ方、満たされ方は大きくちがってくるからだ。ただし、毒でも当の個体の一部分にとっては糧となることがありうるから、問題はそれほど簡単ではない。最後に、エトロジーはまた、相異なった個体間で、それぞれのもつ関係や力のあいだに成り立つ複合的構成を研究する。これはさきの二つとはまた違った局面である。というのは、ここまでは一個の個体が問題にされ、それが他をどう分解・解体して、みずからの構成関係のひとつに適うような関係をとらせることができるか、あるいは逆に、それが、他によってどのように分解・解体される危険をもつか、ということにとどまっていた。だが今や問題は、各個を構成している関係相互が（またどんな構成関係をもつものどうしが）直接ひとつに組み合わさって、あらたな、もっと「拡がりの大きい」構成関係をかたちづくることができるかどうか、各個のもつ力が相互に直接ひとつに組み合わさって、あらたな、もっと「強度の高い」力、力能をつくりあげることができるかどうか、にある。もはや個的利用や捕捉ではなく、社会を形成する力、共同体の成立が問われているのだ。さまざまの個体がどのように複合して、より高次の一個体を形成し、(さらにこの高次の個体がまた複合をかさねていって)ついには無限にいたるか。いかにして一個の存在は他を、相手のもつ固有の構成関係や世界を破壊せずに、あるいはそれを尊重しながら、しかもみずからの世界にとらえることができるか。またこの点で、たとえばどのようなちがう型の社会形成がありうるか。人間の社会と理性的存在の共同体とのあいだにはどんなちがいがあるか……。これはもう対位法的な関係や、一世界の選択形成の問題ではない。大いなる自然の交響楽、次第に拡がりを増し強度を増してゆくひとつの世界の構成の問題なのだ。どんなオーダーで、どのようにして、さまざまの力能を、さまざまの速さと遅さを複合・構成〔作曲〕してゆくか。

音楽的構成〔作曲〕の平面。おのおのの部分は無限に多様に変化しながら、その全体において最大の強度と拡がり幅をもつひとつの〈個体〉をかたちづくっている、大いなる自然の平面。エトロジーの主要な創設者の一人、ユクスキュルは、まず個々のものに対応するメロディー・ラインや対位法的な関係群を規定し、ついで、次第に拡がりを増す、高次の内在的統一をもった交響楽がかたちづくられるさまを描き出している(「自然界の作曲理論」)が、この行き方はまさしくスピノザ的であるといっていい。まさに『エチカ』全篇にわたってこうした音楽的構成〔作曲〕が用いられているのであり、これによって『エチカ』は、つぎつぎにまた同時的に、たえずその速さと遅さの複合関係を変化させながら、その全体において唯一同一の〈個体〉をつくりあげている。つぎつぎに、というのは（私たちがみてきたように）『エチカ』の各部分は、その相対速度が変化してゆき、第三種の認識〔直観知〕にいたってついに思考の絶対速度に達しているからだ。また同時的に、というのは、〈定理〉と〈備考〉とでは速さの調子がちがい、この二つの動きが交叉しあって進行する構成がとられているからである。『エチカ』は、そのすべての部分が最大の速度をもって、最大幅の動きにおいて運ばれるよう作曲〔構成〕されているのだ。ラニョーは、すばらしい一ページで、『エチカ』を音楽にたとえさせるこの速さ、この拡がりの大きさについてこう語っている。閃光が走るかのような「思考の迅速さ」、「深く包括する力」、「一挙に最大数の思考の連関をつかむ力」と。[*3]

要するに、私たちは、スピノジストならば、なにかをその形やもろもろの器官、機能から規定したり、それを実体や主体として規定したりしないということだ。中世自然学の、または地理学の用語をかりていえば、経度（longitude）と緯度（latitude）とによって規定するのである。どんな体でもいい、一個の動物でも音響の体でも、ひとつの心や観念でも、言語学の資料体でも、ひとつの社会体でも集団でもいい。私たちは、ひとつの体を構成している微粒子群のあいだに成り立つ速さと遅さ、運動と静止の複合関係の総体を、その体の〈経度〉と呼ぶ。ここにいう微粒子（群）は、この見地からして、それら自身は形をもたない要素（群）である。[*4] 私たちはまた、各時点においてひとつの体を満たす情動の総体を、その体の〈緯度〉と呼ぶ。いいかえればそれは、〔主体化されない〕無名の力（存在力、触発＝変様能力）がとる強度状態の総体のことである。こうして私たちはひとつの体の地図をつくりあげる。このような経度と緯度の総体をもって、自然というこの内在の平面《プラン》、結構の平面《プラン》は、たえず変化しつつ、たえずさまざまの個体や集団によって組み直され再構成されながら、かたちづくられているのだ。

「プラン」ということばないし観念には、たとえ両者が混じりあい、また私たちが気づかぬうちにその一方から他方へ移っていることがあるにしても、はっきりと対立した二つの考え方がある。その契機が隠れている場合も含めて、何らかの超越的契機に結びついている上からの組織化はすべて、神学的プランと呼ばれてよい。それは一個の神が思し召す計画だけではない。深い自然の奥底の進化〔論〕的展開も、一社会における権力の組織形成もやはりそうなのだ。これは構造的なプランであることも発生プランであることもあり、また同時にその両方であることもあるが、いずれにせよつねに、なんらかの形態とその発展、主体とその形成にかかわっている。形態の発展と主体の形成、これはこの第一種のプランの本質的特徴である。つまりは組織化のプランであり、発展的展開のプランなのだ。したがってこれは、どう言われようと、すべての形態や主体を取りしきっている超越的なプランであり、それ自身は隠れたまま、けっして所与となって現れてこないプラン、それが与える所与からただ推定され、帰納され、〔遡及的に〕推論されるしかないプランなのである。じじつ、こうしたプランはつねにもうひとつの次元を余分に用意している。所与のとるもろもろの次元に対して補足的なひとつの次元を必ずともなっているのだ。

これとは逆に、内在的プランは補足的なひとつの次元など備えていない。構成、複合のプロセスは、どこまでもそれ自体として、その所与をとおして、所与のなかでとらえられなければならないからだ。それは組織化のプランでも発展的展開のプランでもなく、構成の平面《プラン》なのである。色彩は第一のプランを指し示しているかもしれないが、音楽、沈黙〔間《ま》〕と音のつくりだすプロセスは、この第二のプランに属している。ここにはもうものの形はない。形をなしていない物質〔素材〕の微細な微粒子群のあいだに成りたつ速度の複合関係があるだけだ。ここにはもう主体はない。無名の力がとる、個体を構成する情動状態があるだけだ。ただ運動と静止しか、力動的な情動負荷しかとどめないこの平面《プラン》は、それが私たちに知覚させるものと一緒に、それに応じて知覚されてゆくのである。平面がちがえばその上では私たちの生き方も、ものの考え方も、作品の書き方もちがってくる。たとえばゲーテや、またヘーゲルさえもある点ではスピノジストとみなされうると考えられてきた。しかし彼らは本当のスピノジストではない。彼らはプランをたえずひとつの〈形〉の〔有機的〕組織化や、ひとつの〈主体〉の形成に結びつけてやまなかったからだ。スピノジストとはむしろ、ヘルダーリンであり、クライスト、ニーチェである。彼らは速さと遅さ、緊張症的凝固と高速度の運動、形をなさない要素群、主体化されない情動群をもって思考しているからだ。

作家でも、詩人でも、音楽家でも、映画作家でも、画家でも、たまたまスピノザを読んだ者さえも、それも本職の哲学者以上に、スピノジストになっていることがありうる。ここには「プラン」の実践的な理解がかかっているからだ。そうと知らずにスピノジストになるというのではない。いやそれどころかスピノザは、彼以外には誰ひとりそんな真似ができたとは思われないような、興味深いある特別の利点をもっている。スピノザは、きわめて精巧で体系的な、学識の深さをうかがわせる並外れた概念装置をそなえた哲学者であると同時に、それでいて、哲学を知らない者でも、あるいはまったく教養をもたない者でも、これ以上ないほど直接に、予備知識なしに出会うことができ、そこから突然の啓示、「閃光」を受けとることのできる稀な存在であるからだ。ひとは、あたかもスピノジストとなっている自分を見いだしでもするように、いつしかスピノザのただなかに来ているのであり、その体系のなか、構成のなかに吸いこまれ、ひきいれられているのである。「私はびっくりした。魂を奪われてしまった（……）私はほとんどスピノザを知らなかった。私がたった今スピノザを必要としていると感じたとすれば、それは本能のなせる業だ。」……とニーチェが書いているとき、[*5]彼はたんに哲学者として語っているのではない。おそらくは、なかんずく哲学者として語っているのではない。ヴィクトール・デルボスのように厳格な哲学史家も、スピノザが二重の役割をはたし、一方において精巧につくりあげられたモデルとして外面的に通用すると同時に、内面的にひそかな衝動を誘うはたらきももつ、というこの特徴に驚きをおぼえている。[*6]スピノザ〔の『エチカ』〕は、一方において、全体の連関を考え、全部分の統一を求めてこれを体系的に読むことができると同時に、他方では、全体の連関など考えずに、各部分それぞれのもつ速度にしたがって、引きこまれたり弛められたり、動きに駆られたり静止したり、掻きたてられたり鎮められたりしながら、これを情動的に読むことができるのである。誰がスピノジストか。ときには、もちろんスピノザについて、スピノザの諸概念について、ただし十分な感謝と感嘆の念をもって「専門的に」研究している者がそうだといえるかもしれない。しかし、哲学的知識などもたずにただ、ある情動を、ある情動の総体を、ある運動的な決定を、ある衝動をスピノザから受けとり、こうして彼に出会い彼を愛するようになる者もまたスピノジストなのだ。他に類を見ないスピノザの特徴は、じつに哲学者中の哲学者である彼が（ソクラテスとさえちがって、彼は哲学にしか訴えなかった……）、哲学者自身に、哲学者でなくなることを教えている点にある。そして、けっして最も難しくはないが、最も速い、無限の速度に達している『エチカ』の第五部において、まさに哲学者と哲学者ならざる者、この両者はただひとつの同じ存在となって結び合っているのだ。この第五部はなんと並外れた構成をもち、どれほどここでは概念と情動とが出会いをとげていることだろう。また、どれほどこの出会いは、前四部をともどもに構成してきた天界的と地下的な運動によって準備され、必至のものとなっていることだろう。

スピノザを愛した多くの注釈者が、愛するほどに彼を〈風〉になぞらえて語ってきた。また、実際、風以外にたとえようがないのである。だがそれは、哲学者デルボスの語っているような大いなる静かな風だろうか。それとも、およそ哲学者からほど遠いあの「キエフから来た男」、一コペックで『エチカ』を買って読み、全体の連関をつかもうなどとはいわない、あの貧しいユダヤ人の語っているような突然の疾風、魔法の風だろうか。[*7] その両方なのだ。

『エチカ』には、概念が雄大な動きをもって運動してゆくように、「定理」と「証明」と「系」とがつくりあげる連続的な連関と、情動や衝動が放たれて疾駆するように、一連の突風のように、「備考」群がかたちづくる不連続的な連鎖とが、同時に含まれているからである。第五部では極度の外延的拡がりがひとつにとらえられているが、それは同時に、この第五部が内包的に最も凝縮された尖端となっているからでもある。ここでは概念と生のあいだに、もはや差違は全くなくなってしまう。だが、『エチカ』は、ここに至るまでもすでに、この二つの構成要素が組み合わさり、また絡み合わさってできていたのであり――これをロマン・ロランは、「実体という白熱の太陽」と「スピノザの火のような言葉」と呼んでいたのだった。

## 書誌

公刊されたスピノザの著作は以下の二つ。『(幾何学的方法で証明された)ルネ・デカルトの哲学原理 第一部および第二部――付・形而上学的思想』(一六六三年、ラテン語)。『神学・政治論』(一六七〇年、ラテン語)。

スピノザはこのほかに、さまざまな理由から出版されなかったが、以下の諸作を著している。

一六五〇―一六六〇年、『神・人間および人間の幸福に関する短論文』。原文はラテン語で書かれた講釈形式の論文である。しかし今日まで私たちにのこされているのは、講義の参加者のノートから起こされたらしい、オランダ語の二つの写本だけである。このノートの作成には、いくつかの部分でスピノザ自身も協力している可能性がある。著作全体は、異なった時期に書かれた文章がひとつにまとめられたものと思われる。いちばん古いのは、おそらく「第一対話」だろう。

一六六一年、『知性改善論』(ラテン語)。この著作は未完成に終わった。スピノザは同時に『エチカ』の執筆を開始しており、たぶん、『エチカ』で登場するいくつかの理論、なかんずく「共通概念」の理論が、彼に『知性改善論』はすでに乗り越えられてしまったと考えさせたのであろう。

一六六一―一六七五年、『エチカ』(ラテン語)。完成された著作。スピノザは一六七五年にその出版を企図したが、身の安全と慎重を期してこれを断念している。

一六七五―一六七七年、『国家論』（ラテン語）。未完成。

時期ははっきりしないが、ほかにもスピノザは、オランダ語で二つの短い論文『蓋然性の計算』と『虹についての論文』を書き、またラテン語で、これは未完に終わったが『ヘブライ語文法綱要』を書いている。

早くも一六七七年には『遺稿集』が刊行され、これには『知性改善論』や『エチカ』、『国家論』、『ヘブライ語文法綱要』とともに、多数の書簡が含まれている。

校訂・編纂を経た原文の版として最も定評があるのは、ファン・フローテン＝ラント版の全集（一八八二―一八八四年）と、ゲプハルト版の全集（一九二五年）の二つである。

主なフランス語訳を挙げれば、著作の最も大きな部分をカバーしているのは、ガルニエ（Garnier）版のアッピューン（Appuhn）訳とプレイヤード（La Pléiade）版のカイヨワ＝フランセ＝ミスライ（Caillois, Francès et Misrahi）訳。『エチカ』にはゲリノー（Guérinot, Pelletan 版）のたいへんみごとな訳、『知性改善論』にはコイレ（Koyré, Vrin 版）の訳がある。ヘブライ語における主辞、賓辞〔属詞〕のあり方、〔実詞・動詞の〕様態、〔活用する語の〕真の形態に関するきわめて貴重な考察が含まれている『ヘブライ語文法綱要』も、ジョエルおよびジョスリーヌ・アシュケナジー（Joël et Jocelyne Askénazi）による翻訳が、アルキエ（Alquié）の序文を添えて出版された（Vrin）。

マルシャル・ゲルー（Martial Gueroult）が、『エチカ』の定理をひとつひとつたどった体系的な注釈書を著しており、現在まで、『エチカ』の最初の二部に対応するそのうちの二巻が刊行されている（Aubier-Montagne）。〔ゲルーのこの本は、結局この二巻しか出版されなかった〕

スピノザの生涯についての伝記的史料としては、次の三つが定本とされている。ルカスによる伝記——ルカスは必ずしも明晰とはいえない讃美者で、スピノザを個人的にも知っていたと言っている。コレルスによる伝記——これは控えめである。ピエール・ベールによる伝記——これは敵対的でスピノザを戯画化している。古典的、本格的な評伝としてはフロイデンタール（Freudenthal）のそれ（一八九九年）と、ドゥニン＝ボルコヴスキー（Dunin-Borkowski）のそれ（一九三三—一九三六年）の二つが挙げられる。

スピノザが描いたとされる肖像画や、伝記的史料、写本、出版社についての詳細は、パリのネーデルラント学院発行の目録をみられたい（*Spinoza, troisième centenaire de la mort du philosophe*, 1977）。

訳者付記——スピノザの主要著作と往復書簡集の邦訳としては、かつては最もまとまった形でそれを読める畠中尚志訳の岩波文庫版が流布していたが、残念ながら現在は『エチカ』しか手に入らない（全巻の復刊が望まれる）。『エチカ』のスタンダードな邦訳としては、右の畠中訳と並んで、工藤喜作・斎藤博共訳の中央公論社版（「世界の名著」25）がある。

評伝については、上でも挙げられているフロイデンタールの本の邦訳『スピノザの生涯』（工藤喜作訳、哲書房、一九八二年）と、工藤喜作『スピノザ』（「人類の知的遺産」35、講談社、一九七九年）が入手しやすいだろう。

日本におけるスピノザ文献についての詳細は、日本スピノザ協会から出ている目録（一九八九年現在）を参照されたい。

引用について──本文中では、最も多く引用されているスピノザの次の五つの著作については、参照指示に次の略号を用いた。

E──『エチカ』（ローマ数字は「部」、続くアラビア数字は「定理」の番号を表す）
EP──『往復書簡集』（アラビア数字は書簡番号）
TR──『知性改善論』
TTP──『神学・政治論』
TP──『国家論』

引用文、用語については、右の邦訳を参考にしたが、必ずしもそれに従わなかった。

# 原注

## 第一章

＊1――Nietzsche, *Généalogie de la morale*, III.〔ニーチェ『道徳の系譜』第三論文「禁欲主義的理念は何を意味するのか」〕

＊2――I. S. Révah, *Spinoza et Juan de Prado*, Mouton, 1959 参照。

＊3――ウジェーヌ・シューの小説（Eugène Sue, *Latréaumont*）には、民主主義者として陰謀活動を行うファン・デン・エンデンが登場する。

＊4――アムステルダム（国立美術館の版画室）に保存されている版画は、この肖像画の複製だろう。

＊5――『知性改善論』が放棄された最も明確な理由は、『エチカ』で登場をみる「共通概念」の理論に求められなければならない。この理論によって『知性改善論』のいくつかの命題は無効または無用なものとなった（本書第五章を参照）。

＊6――フォイエルバッハ『キリスト教の本質』（*L'essence du christianisme*, éd. Maspero）のオジエ（J.-P. Osier）による序文参照。

＊7――『スピノザ往復書簡集』第六八、オルデンブルク宛。

＊8――『スピノザ往復書簡集』第四八、ファブリティウス宛――スピノザ的教育観については『国家論』第八章第四九節を参照。「要望すれば誰でも、その者自身の費用と責任において公的な教育活動をすることが許される……」。

＊9――この逸話は多くの面で「スピノザ主義」と共鳴するところがあり、ほんとうにあった話ではないかと思われる。このクモどうしの、あるいはクモとハエとのたたかいがスピノザを夢中にさせた理由はいくつか考えられる。(1) 必然的におとずれる死の外在性という観点。(2) 自然における構成関係の形成という観点（いかにクモの巣は、クモのこの世界との関係を表現しているか――この構成関係はそれ自体としてハエ固有の構成関係を取り込んでいる）。(3) 完全性の度の相対性という観点（いかに人間においてはその不完全性を示す、たとえば戦争のような状態が、他の本質たとえば昆虫の本質との関連においては、かえって完全性を表すことがありうるか――『スピノザ往復書簡集』第一九、ブレイエンベルフ宛参照）。こうした問題については、本書のさきの章でまた取り上げることにしよう。

＊10――『短論文』第一対話。

＊11――『神学・政治論』第一三章、『エチカ』第五部定理二三備考。

## 第二章

＊1――『エチカ』第三部定理二備考。

＊2――『エチカ』第三部定理二備考（および同第二部定理一三備考）。

＊3――精神さえも、きわめて多数の部分から成り立っている。『エチカ』第二部定理一五参照。

＊4――『エチカ』第二部定理二八、同二九。

＊5――『エチカ』第一部付録。

＊6――『エチカ』第三部定理二備考。

＊7――『エチカ』第三部定理九備考。

＊8――『エチカ』第三部〔情動の定義一〕欲望の定義（「意識の原因を私の定義に含めるには……」）。

＊9――『神学・政治論』第四章。および『スピノザ往復書簡集』第一九、ブレイエンベルフ宛。

＊10――Nietzsche, *Généalogie de la morale*, I§ 17.〔ニーチェ『道徳の系譜』第一論文一七〕

＊11――『エチカ』第四部定理二〇備考、自殺についての一節参照。

＊12――『神学・政治論』第四章。

＊13――スピノザの「風刺〔嘲笑的態度〕」に対する以下の批判を参照。『国家論』第一章第一節、ならびに『エチカ』第三部序文。

＊14――『神学・政治論』序文。

＊15——『エチカ』第四部付録一三。
＊16——『エチカ』第一部付録。
＊17——『エチカ』第三部。
＊18——『エチカ』第四部定理四七備考。
＊19——『国家論』第一〇章第八節。
＊20——二種類の受動的感情については『エチカ』第三部情動の一般的定義参照。
＊21——最も大胆な、あるいは異端的な主張は付録や注のなかに隠すというこの手法は、〈ピエール・ベールの辞典をみてもわかるように〉よく用いられた常套手段である。スピノザは組織的に備考を活用する方法によってこの手法を革新している。一連の備考は、それらどうしがたがいに参照しあい、さらには〈第三部、四部、五部の〉序文や〈第一部、第四部の〉付録とも結びついて、第二の『エチカ』、地下の『エチカ』をつくりあげているのである。

第三章

＊1——第二一書簡でスピノザはこう述べていた。「この私自身について申し上げれば、私が犯罪をなさずまたなさぬよう努めるのは、それが私個人の本性にはっきりと反するから〈そして私を神への愛と認識から離れさせるから〉です」。

＊2――『エチカ』第四部定理三九備考。

＊3――さきのブレイエンベルフの反論にたいして、スピノザが答えることができるとすればこの方向だろう。すなわち、こうした構成関係やその形成の法則は永遠の真理であるから、それらこそが真の認識あるいは啓示の対象となりうるのだと。ただし、自然的条件のもとでは私たちは、そうした構成関係を具現している諸部分〔外延的諸部分〕の実地の経験を介しなくてはならないが。

＊4――『エチカ』第四部定理三九証明。

＊5――『エチカ』第四部定理二〇備考、同三九備考では、こうしたさまざまな状況に対するみごとな考察が展開されている。スピノザはここで、身体の一定の生物学的機能はなお維持されているが他のすべての構成関係は分解されてしまい、名ばかりの生を生き延びているケースや、外的な影響のもとにどこかある構成関係の一部が変化し、それによって全体の破壊が引き起こされてしまう自己破壊的なケース（たとえば自殺、すなわち「なんらかの隠れた外的な原因によって（……）その体が触発され変様して、それまでの本性とは反する別の本性を帯びるにいたる」場合）を考慮している。現代の医学的諸問題のなかには、こうしたスピノザの主題と完全に符合するものがあると思われる。一例を挙げれば、いわゆる「自己免疫性」疾患。これについてはあとでまた述べよう。あるいはまた、「自然的」には死んだ身体を人工的に生きながらえさせようとする各種の試みをめぐる論争。今日の

シュヴァルツェンベルク博士の大胆な発言も、おのずと彼が真のスピノザ主義に立って、そこから発想されているのではないかと思われる。シュヴァルツェンベルクが、死は生物学的な問題ではない、形而上学的・倫理的な問題であるというのも、その意味においてのことなのだ。スピノザの『エチカ』第四部定理三九備考を参照せよ。「屍と化さなければ人間の身体は死んでいないと私が認めなければならないような理由は、何ひとつない。じじつ、経験そのものはそれとは別のことを教えてくれているようにみえる。ときにはひとりの人間が、同一の人であると簡単には言えないほど大きな変化を受けることも起こるからである。これは私が、あるスペインの詩人について聞いた話だが……」。

＊6――『エチカ』第四部定理五九備考。

＊7――「直接的」と「間接的」については、『エチカ』第四部定理六三系ならびに備考を参照。

＊8――『エチカ』第四部定理六四。

＊9――「しかしもし御質問が、どちらの所業――盗人のそれと正しい人のそれ――も、それが神を原因に生じたなんらかの実在的なものであるかぎり、等しく完全なのではないかどうかということでしたら、私は、私たちがもしそうやってそれぞれの所業をそれだけで考えれば、どちらも等しく完全であることはありうると答えます。けれどもあなたが、盗人も正しい人も等しく完全で、同じ至福を手にするかどうか尋ねられているのでしたら、私は否と答えます」。

＊10――『エチカ』第三部〔情動の定義一〕欲望の定義。

＊11――「食卓につくよりも絞首台に立つことによってより善く生きうることがわかっているような人なら、みずから首を縊らないのははなはだ愚かでしょうし、また徳を追求するよりも犯罪を遂行することによって実際により完全なより善い生活なり本質なりを享受しうることがはっきりわかっているような人なら、犯罪をなさないのはやはり愚かでしょう。なぜなら犯罪は、そうしたあべこべな人間本性にとっては徳であるでしょうから」。

＊12――第二一書簡でスピノザはこう述べていた。「神がアダムの以前の状態および現在の状態を知っていたとしても、神はそのゆえにアダムが以前の状態を欠如したとは考えないでしょう。換言すればアダムの以前の状態がアダムの現在の本性に属するとは考えないでしょう」。

＊13――(1)『エチカ』第三部〔情動の定義三〕悲しみの定義。「悲しみはより大きな完全性が欠如しているところに成立するものだ、とも私たちは言うことができない。というのは、欠如とはなにものもないことだからである。ところが悲しみの情動は一個の現実態（actus）であり、これは、より小さな完全性へ推移する現実態以外のものではありえないからだ……」。(2)『エチカ』第三部情動の一般的定義。「しかし、指摘しておかなければならないことは、私が以前より大きい、あるいは以前より小さい存在力というとき、精神が現在の身体の状態をその過去の状態と比較しているという意味ではなく、むしろ情動の形相を

基礎づける観念が、身体について以前より大きい、あるいは小さい完全性をじっさいに含んでいるものを肯定するという意味である」。

*14——『エチカ』第三部定理二〇（ならびに一連のすべての受動的感情）参照。

*15——『エチカ』第五部冒頭はこの動きにつらぬかれている。喜びの受動的感情やそれが依存している非十全な観念は、十全な観念や「能動的」な喜びにつながってゆくが、——悲しみの受動的感情は他の非十全な観念にしかつながらないのである。

*16——粘土の試練〔同じ粘土から貴い器もできれば賤しい器もできる、その陶冶・形成の実験性〕については、『スピノザ往復書簡集』第七八、オルデンブルク宛を参照せよ。

*17——『エチカ』第四部定理二〇。

*18——じっさいスピノザは逆比例的な移り変わりに論拠を求めている。私たちが非十全な観念や悲しみ〔の受動〕をより多くもてばもつほど、私たち自身の死する部分は相対的により大きくなり、これとは反対に私たちが十全な観念や能動的な喜びをより多くもてばもつほど、「永遠にとどまり無傷のまま残される部分」はより大きくなり、死する部分、わるいもの〔わるい感情〕から影響を受ける部分はより小さなものとなるからだ（『エチカ』第五部定理三八—四〇参照。精神のそうした二つの部分に関するこの一連の定理は第五部のかなめをなしている。ブレイエンベルフが最後の手紙で彼にぶつけてきた「精神の諸部分」の存在をめぐる反論に対しても、スピノザが答えようと思えば、そうした観点から答えること

ができたであろう。

### 第五章

＊1――Avenarius, *Über die beiden ersten Phasen des Spinozische Pantheismus...*, Leipzig, 1868.

＊2――『短論文』第二章の全展開は、自然そのものと神との一致の発見を含んでいる（またその付録〔第一付録〕でも、文字どおりこの「一致」が持ち出されている。定理四系参照）。『エチカ』ではそれが同一性として証明され、この同一性はただひとつの実体から導き出される。第一部定理一四〔系〕（「したがって（……）自然のうちにはただひとつの実体しかなく、しかもそれは絶対に無限であるということになる」）。『短論文』と『エチカ』のあいだのこうした相違については、Gueroult, *Spinoza*, Aubier, I〔ゲルー『スピノザ』第一巻、一九六八年〕、とくにその補遺6参照。ゲルーもあらためて注意しているように、『エチカ』本文ではかなりあとの方にならないと（第四部序文）「神すなわち自然」という自然主義の定式は現れてこない。

＊3――『知性改善論』参照。「私たちは最初から、できるだけ早くそうした最も完全な存在の認識へと到達するよう、とくに心を配らなければならないだろう」（第四九節）。「できうるかぎり早く（……）自然の根源、みなもとから出発するならば、私たちはそのような錯誤に陥るおそれをもたずにすむことだろう」（第七五節）。「できるだけ早く、理性の要求する

ところに従って私たちは、万物の原因（……）であるような存在があるかどうか、また同時にそれがどんなものであるかを探究しなければならない」（第九九節）。この最後の文章は一般に〔原文に誤りがあるのではないかとして〕翻訳者たちにより変形の手を加えられてきた。第四六節でも同様に、原文には欠落があるのではないかという架空の推定がなされている。たとえばコイレでさえ（Vrin版）、一〇四―一〇五ページで、そうしたたぐいの議論をもち出しているのを参照せよ。しかしながら『知性改善論』でも、『エチカ』でも、絶対者に到達するまえに最小限の時間が必要とされることは、はっきりと明記されている。なるほど『エチカ』で出発点として用いられている各実体、つまり実体化した各属性は、すでに神の本質をなしていると反論することもできよう。しかし、第一にまず、この時点ではまだそうとわかっているわけではなく、定理一〇ではじめてそれを知るのである。第二に、またとくに、この『エチカ』の冒頭では各属性は本質において（第三種の認識）とらえられているのではなく、たんに「共通概念」として（第二種の認識）とらえられているのである。第五部定理三六備考におけるスピノザの言明を参照せよ。『神学・政治論』でも、こう述べられているところがある（第六章）。「神の存在は、それ自体として知られるのではなく、堅固なゆるぎない真理をもつ諸概念から必然的に導かれるべきものである……」。これは『エチカ』と完全に符合している。

＊4――たとえば第五部は、論証がいわば早回しされあるいは圧縮されたような加速度的展開をみ

せている。ときにはこの第五部はたんなる草稿にすぎないのではないかとさえ思われるほどだ。しかし、むしろこれはそこでの論証が、それまでの第一部から第四部までとはリズムを異にし、短縮法やフラッシュ的手法を組み込んでいるからである。じっさいここでは電光石火の閃光のような第三種の認識が問われている。もはや『エチカ』冒頭のような相対的な最大速度ですらなく、第三種の認識に呼応する絶対速度の問題なのだ。

＊5――『知性改善論』第四六節が述べているのもそのことであり、そこになんらかの欠落を推定するにはあたらない。

＊6――Platon, *République*, VI, 510 sq.〔プラトン『国家』第六巻五一〇以下〕参照。ゲルーはフィヒテを論じたその著書のなかで、総合的方法は、分析的方法と逐一的に対立するのではなく、分析的過程をみずからの目的に従わせ、それを取り込むものであると指摘していた（*L'évolution et la structure de la doctrine de la science chez Fichte*, Les Belles Lettres, t. I, p. 174）。フィヒテの深いスピノザ理解をここで思い起こすべきだろう。

＊7――『知性改善論』第七二―七三節、第九五―九六節。

＊8――『エチカ』第五部定理三六備考参照。

＊9――『神学・政治論』第七章。『エチカ』は共通概念を、第二部定理三七―三八（普遍性の最も大きなもの）および同定理三九（普遍性の最も小さいもの）で提示している。

＊10――幾何学的概念のもつ本性的なあいまいさについては、ゲルー『スピノザ』第一巻 Gueroult, *Spinoza*, t. I の補遺11を参照せよ。

＊11――『スピノザ往復書簡集』第八三書簡（チルンハウス宛）は、幾何学的方法の制約が、方法そのものからくるのではなく、その考察対象のもつ抽象的本性に由来することを主張している。またすでに『知性改善論』でも、知性の真の進展を中断させてしまう〔抽象的〕論理的な幾何学的概念に、できれば「自然的ないし実在的なもの」がとって代わることが望ましいとされている。

＊12――じっさい、第三種の認識の直観に差し向けられる個々の内的で単純な本質とはちがって、合一をみることもあればそうでないこともありうる各個の構成関係は、あらゆる種類の認識手法（第二種の認識）に向かって開かれている。私たちは構成関係をア・プリオリに認識しているわけではなく、いろいろと実験してみなければならないのだ。スピノザの後継者を探すとすれば、それは、「連結の原理」の名のもとにこの大いなる自然の構成上の統一の探究に乗り出したジョフロワ＝サンティレールや、資格は劣るがゲーテではないかと私たちには思われる。ところでそうした探究には、想像上のそれさえ含めたあらゆる種類の実験や変異が含まれている。たとえば、ある動物から他への移行における「折り畳み」のように。〔ジョフロワ＝サンティレールによれば、脊椎動物と（タコやイカのような）頭足類の動物の構成上の統一を理解するには、脊椎動物の上体を反り返らせ、腹部を上にし頭部が足の付け根にくるよう「折り畳めば」よい。〕どんなタイプの動物も、それ自身に

おいてある〈動物〉〔スピノザの〈実体〉を想起せよ〕が、しかじかの構成関係のもとで具現をみたものだとされるのである。今日、分子生物学において、この構成上の統一をめぐる実験という問題は再発見されているが、ジョフロワは、たんに解剖学的レベルでだけでなく、すでに素粒子レベルでこれを問題にしていた（スピノザ自身も「最単純体〔構成素体〕」のレベルでこの問題を提起している）。スピノザにおいて実験は特別な役割をもつ。そのことは『エチカ』だけでなく、『知性改善論』の書きかけの最後の部分にも予感のかたちで出現している。取り急ぎではあるが、つよく実験の必要が叫ばれているのである（第一〇三節）。ジュール・ラニョーも、スピノザが『知性改善論』を未完成に終わったのは「実験的方法を適用しなかった、それを実験してみなかった」からだと述べていた（Jules Lagneau, *Célèbres leçons et fragments*, P. U. F., 2e éd., 1964, p. 52）。

『エチカ』で登場する実験のプログラムも、その趣旨において理解されなければならない。ところがまさにこのプログラムは、共通概念の発見に依拠しているのである。

＊13——共通概念はこの私たちに神の観念を与える（第二部定理四五―四六）。しかしこの神の観念は、それ自体は共通概念とは区別される（第二部定理四七）。したがって神の観念は、第五部でも示されるように、〔人間的・受動的な〕愛憎とは無縁の、第二種の認識における神と、〔能動的・自己触発的な〕本性からの愛をともなう、第三種の認識における神の〕二つの面をもつことになるだろう。

『エチカ』の大部分は、共通概念、ひいては第二種の認識の観点から書かれており、その点にはスピノザも第五部で（定理三六備考、同四一証明）あらためて注意を促している。第三種の認識はこの第五部ではじめて出現する。そのリズム、運動の相違もそこからきている。しかし、それでもなお、この第三種の認識がはっきりと出てくるのは定理二一からあとのことである。神の観念こそが、私たちを第三種の認識へと移行させてくれる、というかその認識の「基礎」として役立つのである。

＊14――『エチカ』第五部定理一〇証明。

＊15――『エチカ』第五部定理一〇備考（ならびに同六備考）。

＊16――『エチカ』第二部定理四〇備考1参照。共通概念に関して、論理的・方法論的な問題全体を振り返りながら、スピノザはここではっきりと自身がかつて行った仕事に言及している。それと同時に、いずれあらためてそれについては論じようとの意向もそこにうかがわせている。同様に、チルンハウスに宛てた第六〇書簡（一六七五年）でも、スピノザはまず『知性改善論』のテーマの一群を想起させて書き出しながら、こう付け加えている。「そうした運動や方法については、それに関することをまだしかるべき秩序に立って書いておりませんので、別の機会にあらためて論じることにしましょう」と。

＊17――『知性改善論』第九九―一〇一節参照。そこにいう「確固たる永遠的なもの」は、のちにスピノザが共通概念と呼ぶものと一致していると私たちには思われる。したがって、それ

は属性や無限様態と同一視されるべきではない。それでは、同時にあまりにも広すぎ、また狭すぎることになろう。広すぎるというのは、属性や無限様態はここでは限られた相のもとにかかわってくるからである（それらはここでは、変化する個物への適用、いいかえれば共通概念としての用法に限られる）。また狭すぎるというのは、「系列」をなす共通概念は、ただ二つの体にのみ共通なものの観念をも含んでいるからである。

*18――じっさいスピノザは、こうした確固たる永遠的なものは、各個物の内的な本質についての認識を私たちに与えなければならないと言うと同時に、それは可変的な存在する個物にたいしてのみ意味をもつとも述べている（『知性改善論』第一〇一節）。ここでは、『エチカ』においては第二種と第三種の認識として区別されるものが混じり合っているのである。

**第六章**

*1――この文章は、Revue de synthèse 誌、一九七八年一月号に一部発表された。

*2――J. von Uexküll, *Mondes animaux et monde humain*, Gonthier.〔ユクスキュル『生物から見た世界』日高敏隆・野田保之訳、思索社、一九七三年〕

*3――Jules Lagneau, *Célèbres leçons et fragments*, 2e éd., P.U.F., 1964, pp. 67-68.〔ジュール・ラニョー『名講義録・断想』〕ラニョーのこのテクストは、スピノザについて書かれたすぐれた文章のひとつに数えられる。ロマン・ロランがスピノザにおける思考の速度、その

音楽的構成について語っている『アクラガスのエンペドクレス　付・スピノザの閃光』(Romain Rolland, *Empédocle d'Agrigente, suivi de l'Eclair de Spinoza*, Ed. du Sablier, 1931）も同様である。どんな速さよりも速い最高速度としての思考の速度というテーマは、じっさいエンペドクレスやデモクリトス、エピクロスにもみとめられるものだろう。

＊4――スピノザが「最単純体（構成素体）」と呼んでいるものを参照せよ。これは数も形状ももたない無限に小さな体であり、つねにその無限個がひとくみとなって個々の体を構成している。形をもつのは個々の複合された体だけであり、この構成素体は一定の複合関係のもとに、それらに構成要素として帰属しているのである。

＊5――ニーチェ、オーヴァーベック宛書簡、一八八一年七月三〇日付。

＊6――Delbos, *Le problème moral dans la philosophie de Spinoza et dans l'histoire du spinozisme*, Alcan.〔デルボス『スピノザの哲学ならびにスピノザ主義における倫理的問題』〕これは同じ著者の古典的な著作 *Le spinozisme*, Vrin〔『スピノザ主義』〕よりはるかに重要な著作である。

＊7――本書の序として扉にかかげたマラマッドの文章を参照せよ。

訳注――「訳者あとがき」でも述べるように、本書は一九七〇年にＰＵＦから叢書「哲学者たち」の一冊として出版されたものを前身とし、八一年、これにその後書かれた三つの章を加え、版元をミニュイに移して単行本として出版された。この旧版から新版への移行にさいして、質・量ともに最も大きく変化した印象を与えるのはこの第四章であろう。質・量ともにと言ったが、じっさいに追加されたのは（削除はない）〈開展する―包含する〉、〈定義―証明〉、〈包括する〉、〈類比〉の四項だけであり、そのほかの部分もテクストそのものに異同はない。にもかかわらず大きく変化した印象を与えるのは、旧版では本文より小さな活字で、いわば注・補助的な形で収録されていたこの概念集の部分が、新版では本文として組まれ、一挙に全体の半分のページ数を単独で占める大きな章として出現したからである。「ひとつの哲学の力は、それが創造するかその意味を一新し、事物や行動にあらたな切り分けを課す概念によって測られる」（『スピノザと表現の問題』結論冒頭）とするドゥルーズであってみれば、この変化がもつ意味は小さくない。

ただ、旧版から新版へのテクストの異同はないと右で述べたが、じつはこの移行にさいして、明らかに印刷上の理由からと判断される誤植と遺漏が本章では散見されるので、この場を借りて正誤表を示しておきたい（旧版は今日絶版であり、おそらくそれを見なかったからだろう、本書の英訳や独訳は、欠落部を適当につじつま合わせしてすませているありさまなので）。

| 原著 | 誤 | 正 |
|---|---|---|
| p. 82, l. 17 | (Traité de la réforme) | (Traité de la réforme 34) |
| p. 108, l. 1 | Elles est séparée,... | Elle est séparée ... |
| l. 23 | qu'elle n'existent pas... | qu'elles n'existent pas... |
| p. 111, l. 2 | des rapports comme... | des rapports qui se composent. Il y a un ordre de compositoin des rapports comme... (下線部ヌケ) |
| p. 112, l. 8 | partie, ... | parties,... |
| p. 116, l. 26 | en tant une... | en tant que... |
| p. 122, l. 11 | mode infini mediat (...) | mode infini immédiat (cf. Dieu comme cause des essences) ; 5° les vérités éternelles qui règlent les compositions et décompositions des modes existants suivant des rapports, et qui forment le mode infini médiat (...) (下線部ヌケ) |
| p. 125, l. 1 | [per-] fection (joie ...) | [per-] fection, il perd de sa puissance d'agir ou passe à une moindre perfection (joie...) (下線部ヌケ) |

# 訳者あとがき

本書は Gilles DELEUZE, *Spinoza: philosophie pratique*（Éditions de Minuit, 1981）の全訳である。「私が哲学史の規範に従っていちばん真剣に勉強したのはスピノザについてだったが、読むたびに気流を背に受け、魔女のほうきに乗せられるような、そんな印象をいちばんおぼえたのも彼だった」（*Dialogues*, p. 22）と述懐されているスピノザ。はじめにドゥルーズとスピノザ、この二人の関係をドゥルーズの著作のうえでふりかえっておこう。右のことばにもあるように哲学史から出発したドゥルーズが、学位論文の副論文として提出した『スピノザと表現の問題』（邦訳、法政大学出版局）を、主論文『差異と反復』（邦訳、河出書房新社）とともに上梓したのが一九六八年。翌六九年には『意味の論理学』（邦訳、法政大学出版局）も刊行されている。『差異と反復』と並んで彼が「（哲学史の）借金を払い終え、もっと自分のために書いた」（*ibid.*）、いわばデビュー作である。『意味の論理学』は、『スピノザと表現の問題』とはまったく別の切り口、いうなればSF的な切り口をもち、そのなかではひとこともスピノザについて触れられていないが、〈表現〉の問題をとおして、あるいは〈一義性〉

の問題をとおして深く響きあうものをもっていると思われる。つづいて七二年には、彼の哲学の展開のあらたな、大きなステップを画するフェリックス・ガタリとの共著『資本主義と分裂症　第一巻　アンチ・オイディプス』（邦訳、河出書房新社）が出版された。同書が全篇にわたって駆動させている概念装置〈器官なき身体〉がスピノザの〈実体〉になぞらえられているのを見てもわかるように（三八九頁、四八〇頁、五〇九頁）、この本はある意味ではまさに現代の『エチカ』として書かれたのである。しかし、ドゥルーズがこれまでに著した本のなかで、その思考の速度から言っても、強度と拡がりから言っても、最もスピノザ的な本、スピノザの「風」に達している本を挙げよといわれれば、前書ののち八年を要して八〇年に出版された『資本主義と分裂症　第二巻　千の高原（ミル・プラトー）』（邦訳、河出書房新社）を、まず第一に挙げなければならないだろう。高原を吹きわたるその風は、本書の第六章にもそのまま吹き抜けている。この『スピノザ　実践の哲学』が刊行されたのは、『千の高原』が出たその翌年のことだった。

さて、ここまで一九六〇年代末から八〇年代初頭までのドゥルーズの歩みを大きな著作を拾ってたどってきたのは、ひとつには本書、このスピノザについての小さな著作が、まさにこの流れのなかで、この流れをとおして傍らに産み落とされた、小さな宝石のような書物であることを知っておいていただきたかったからだ。

本書は、一九七〇年に、さきの『スピノザと表現の問題』のいわばエッセンスを集め、哲学（史）の入門書・教科書の色彩をもつPUF刊のSUP「哲学者たち」叢書の一冊として執筆・編集された小冊子『スピノザ』を前身に（因みにドゥルーズはこの叢書でもう一冊、これと双子ともいうべき『ニーチェ』を著しており、こちらはそのままの形で同じPUFから再刊されている——邦訳『ニーチェ』、朝日出版社）、末尾の「テクスト抜粋」を省き、その後あらたに書かれた三つの章を加えて、八一年ミニュイ社から、あらためて一冊の単行本の体裁をとって刊行されたものである。

——以下、簡単にこの旧版から新版への異同をしるしておけば、旧版では章立てせずに「生涯」、「哲学」として立てられていた前半部分が、新版（本書）では、そのまま第一章「スピノザの生涯」、第二章「道徳《モラル》と生態《エチカ》の倫理のちがいについて」として仕立て直され（加筆は第一章注9のみ）、旧版ではそのあとに置かれ、「テクスト抜粋」と同じ小さな活字で組まれていた「『エチカ』主要概念集」が、四項（実質二項）追加され、活字を組み直されて、大きな第四章として出現した（第四章訳注参照）。あらたに加えられたのは、本書の第三章、第五章、第六章の三つである。

この改訂の最後の段階に近いところで書かれたとみられる第三章と第六章、とりわけ第六章のトーンは、「哲学史」から出発してついに『千の高原』まで書き抜いたドゥルーズの哲学の、七〇年代における大きな、いっそう端的な〈実践〉への接続、その倫理性・政治性の深まりを抜きにしては語ることができないだろう。これを裏返して言えば、『差異と反復』から『千の高原』にいたるまで、その思想の展開のあらゆる局面でドゥルーズを支え、彼を「魔女のほうき」に乗せたのは、スピノザの哲学だったろうということだ。冒頭に引用したクレール・パルネとの『対話』のすぐあとの部分でドゥルーズはこう述べている、「スピノザ、彼をまだ私たちは理解し始めてさえもいない。この私にしても、他のひとびと以上に彼を理解しているわけではない」と。

スピノザにたいする深い共感をもって書かれた本書に深く共感してスピノザを読み始めた私（訳者）には、これを解釈・解説の対象として、手際よく解題してみせるなどという芸当はとてもできそうにない。能力の問題以前に、はじめから私にはそんな気はないし、たぶん本書もそんなものは望まないだろう。私にできるのは、あるいは少なくとも私が果たそうと意図するのは、本書をとおして私がドゥルーズにたいし、スピノザにたいしておぼえた共感にひとつの形を与え、それをドゥルーズに、スピノザに返してみようとすることだけである。

以下に試みるのは、ドゥルーズとスピノザのあいだに〈事件（出来事）〉という一本の補助線を引けば、何が見えてくるか、そのひとつのスケッチにすぎないことを読者は了解されたい。

＊　＊　＊

「六八年五月」と呼ばれる〈事件〉から話を始めよう。六〇年代後半から七〇年代初頭にかけて、ほぼ同時代的に世界各地で津波のようにわき起こり、私たちの国では「全共闘世代」の名をのこして消えていった事件である。歴史を画したというより、むしろ「歴史に闖入し」（ドゥルーズ）、なによりもまず歴史に回収・還元されることを拒んだ、ある意味では特異な、しかしある意味では、だからこそ〈事件〉だった、〈事件〉でしかなかった、〈事件〉としか呼びようがなかった、すぐれて「反時代的（非歴史的）な」（ニーチェ）、「現在性」（フーコー）に満ちていた事件。「六八年五月は純粋状態の生成変化が発現し、なだれこんできた出来事だったのです」（『記号と事件』二八二頁、河出書房新社）。ドゥルーズの名が私たちの前にひとつの思想的〈事件〉として登場してきたのも、まさにこの津波のなかにおいてだった。六八年五月、私たちの日常の自明性を突き崩したこの突然の水位の高まりが、私たちにかいまみせた〈海〉（「現実界」）へと、直接彼が――そこで出会ったガタリと二人で――踏み込んでいった冒険の成果『アンチ・オイディプス』が世に問われたのは七二年のことである。

だがここでこの六八年という日付を挙げたのは、本書を、その前身『スピノザ』が刊行された七〇年当時の状況のなかに置き直して、その思想史的背景や意義を探ろうとするためではない。そもそもドゥルーズの本は――この六八年以前に書かれたオーソドックスな「哲学史」的著作ですら――、「本を箱のようなものと考え、箱だから内部があると思い込んで」(同一七頁)読めるようにはできていない。換言すれば彼の本は、そこになにかがある、あるいはそれがなにかであると考えて、この「なにか」に――〈ある(être)〉という動詞によってその主語や属詞としてとりおさえられる「なにか」に、それを還元することができるようには書かれていない。むしろこの透明な動詞の厚みを切り裂いて、そこに〈あいだ〉をひらき、それを〈あいだ〉にひらいて、そこを「なにかが流れる」(同二三六頁)ように、そこに「なにかが起こりうる」(同)ようにするために書かれているのである。しいてそれをこの「ある」という動詞でおさえようとすれば、そこにあるのは〈事件〉であるというほかはないだろう。「〈事件〉は哲学の概念であり、〈ある(être)〉という動詞と、属詞とを失効させる力をもった唯一の概念だから」(同二三七頁)である。

〈事件〉の哲学、とそれを呼ぶこともできるだろう。文字どおり彼がこの〈事件〉あるいは出来事という概念を正面からとりあげた『意味の論理学』や『襞　ライプニッツとバロック』だけではない。ある意味ではドゥルーズのすべての仕事は、彼自身も認めているように(同二三七頁、二六七頁)、一貫してこの〈事件〉の概念を軸に展開されてきたからである。それどころか彼の著作は、つねにそれら自身がひとつの〈事件〉として、哲学の〈事件〉として書かれてきたとさえいえるだろう。哲学的に(いいかえれば概念をもって)であろうとなかろうと、すべての事件や出来事は、私たちになにかを考えさせ、私たちを思考へとひらく力をもつとすれば、そしてこの思考の現場では、思考そのものが(概念の創造も含めて)いわば発見的にひとつの〈事件〉として、実験として、はじめて展開をみるのだとすれば、私たちをたえずこの現場へとひらき、立ち会わせて、実験をともにするよううながす彼の仕事は、まさにそれ自身が〈事件〉の名に値するからである。「〈事件〉に値するものとなること、哲学の目的はそれに尽きる……」、そう彼は九一年の『哲学とは何か』でも述べている(p. 151)。

では〈事件〉とは何か。それが哲学の概念であるとはどういうことか(以下に読まれるスケッチは、あくまでも筆者［鈴木］が作業的に組み立てたその概念を起点に何がみえてくるかを考察したものであり、ドゥルーズによるそれの紹介でもなければ、要約でもないことをお断りしておく）。

(1) 事件はいつも私たちの日常のさなかで、その自明さを切断するなにか新しいものとして起こる。事件はいわば永遠に新しい。その新しさを失い、再び日常の自明性のうちに回収されてしまえば、それはもはや〈事件〉ではない。事件が私たちになにかを考えさせ、なにかを見えるようにさせる力をもつのも、それが私たちの自明化した日常に亀裂を入れ、いわばひとつの疑問符をそこにひらくからである。

(2) 事件はつねに〈あいだ〉において起こる。あるいは〈あいだ〉を明るみに出す。事件は私に起こる、あるいは私が起こしさえするかもしれないが、私のものではない。それは私とあなたの〈あいだ〉で、……するものと……されるものの〈あいだ〉で起こるからだ。事件は私たちを出会いの場に、関係の外在性にひらくのである。

(3) 事件は、したがって本質的に動詞である。私たちの生きている生の先端が、言語では動詞の現在形で表されるしかないような出来事の連続にひらかれているからだけではない。事件は、その動詞から派生した形容詞（現在分詞・過去分詞）のかたちで私たちに引き取られるが、事件の事件性はそれには還元しつくされずに、動詞の動詞性、純粋な出来事としての動詞を表す不定詞のかたちで、どこまでもその外にとどまる。事件はまさに能動と受動、原因と結果、そのまえとそのあとの〈あいだ〉で、現在分詞と過去分詞の〈あいだ〉で起こるのである。

事件が日常を切り裂くからといって、単純にそれを日常と対立するもの、非日常的なもの、特別なものだなどと考えてはならないだろう。ある意味ではすべては事件であり、事件でしかない（Eventum tantum）。私たちが自分につくりあげている「世界」、あるいは私たちをつくりあげている「世界」は、見方によっては私たちがすでに回収した事件の集積にしかすぎないのである。

ではこの回収・自明化の過程でどんな論理がはたらいているのか。もっとはっきり言おう。私たちは事件を前にして、つねにその新しさから出発していながら、つねにすでにその手前に遡及してそこからこれに立ち返っており、この反転をとおしていわば先行的に反復・再認するかたちでそれを回収している（自明化のサイクル）。この自明化のサイクルは、では、どこで生まれ、どんなはたらきをしているのか。以下二つの文法的モデルの検討をとおしてそのシナリオを追ってみよう。

(1)　まず、動詞〈ある〉と属詞のモデル。思いきって単純化していえば、「なにかがある」

という命題（存在判断）と「なにかである」という命題（属性判断）を出発点――事件の現場――として、「何があるか、その何」（実体・実在）、「何であるか、その何」（本質）へと遡及し、そこから現場に立ち返るかたちのサイクルを私たちにつくる文法的モデルである。ごらんのようにこれは、事件性の最も希薄な動詞〈ある〉とその属詞（すなわち形容詞や形容詞［述語］化した名詞）にすでに事件が還元されたところから出発しているために、その手前にある事件自身の動詞性が、このままでは見えてこない。このままではといったのは、スピノザはこのモデルの道具立て（実体、存在、属性、本質の諸概念）をスコラ哲学やデカルトからそのまま継承しながら、属性概念を「形容詞ではなく動詞」（ドゥルーズ『スピノザと表現の問題』）としてとらえなおし、属性（「である」こと）それ自身の、さらには〈ある〉ことそれ自身の事件性を端的に肯定する手段にこのモデルをつくりかえてしまったからだ。

(2)　動詞〈起こる〉と能動／受動のモデル。事件は動詞という観点に立って、事件の回収・自明化にはたらく文法をもっと近くから観察するために、次のようなモデルを考える。

第Ⅰステージ（事件の出現、〈ただなか〉）

…………　能動／受動　…………

第IIステージ（分詞化——能動相／受動相の分裂）

（能動者↑）能動相／受動相（↓受動者）

第IIIステージ（事件の［再］把握、〈ただなか〉の消去）

能動者の能動……／……受動者の受動

文字どおり事件の動詞ともいうべき〈起こる〉を例にとれば、

第Iステージは、「結果が起こる」（「起こることが起こる」「結果が結果する」）

第IIステージは、「結果は起こされた」→「起こした原因が別に（その基に）ある」

第IIIステージは、「起こす原因が、起こすべくしてその結果を起こした」

とでもなるだろうか。

事件の項ですでにみたように、本質的に動詞である事件は、能動／受動の分割そのものをそれが画しながら〈あいだ〉、それ自身はこの能動にも受動にも還元されない。いわば事件の出現（第Iステージ）は、能動かつ受動のかたちか、能動でもなく受動でもないかたちをとって、記述されるほかはないというべきだろう。文法上、前者のかたちをとる動詞は再帰動詞、後者は非人称動詞と呼ばれている（再帰動詞は、フランス語などでは「代名動詞」と呼ばれるいわゆる〈中動〉の表現をここでは総称する。スピノザがラテン語で著した『ヘブライ語文法綱要』のこの動詞の項目ではスペイン語やオランダ語のそれを理解のたすけに出しているように、少なくともヨーロッパ諸語では一般化している用法である。以下例はフランス語をとるが、その点を汲まれたい。非人称動詞はここでは考慮の外に置くが、やはり事件そのものを事実上の主語とする表現である。たとえば Il pleut.［雨が降る］Il est arrivé un accident.［事故が起こった］Il était une fois...［むかしむかし……がありました］）。

再帰動詞とは、能動者と受動者、ひらたくいえば主語と（直接または間接）目的語が同一であるような動詞をいい、この目的語を表す代名詞を再帰代名詞という。この再帰代名詞のはたらきは、ひとことでいえば自発性を表す点にある（多くの面でこの再帰動詞に近いはたらきをもつ日本語の「れる・られる」の用法も、〈自発〉をかなめに能動相［〈可能〉］と受動相［〈受け身〉］をあわせもつのは示唆的というべきだろう）。たとえばフランス語の s'exprimer は、能動者に添えば「みずからを表現する」となり、受動者に添えば「おのずから表現される」となって両極的な意味をもつが、どちらも自発性を帯びる点では変わりがないからだ。初等文法などではよく「自分で自分を……」と説明されるが、Elle se réveille. は、彼女（能動者）が自分で自分（受動者）の「目を覚まさせる」（réveiller）わけではない。彼女（主語）において、みずからあるいはおのずから（能動／受動的に）「目が覚める」（se réveiller）という事件が起こるのである。

換言すれば再帰動詞は、すでに人称主体として確立された主語が、同様に確立された客体としての〈自己〉（再帰代名詞）を相手になにかをすることを表すのではない。他者に対してならその一点で両者が能動者と受動者に分かれるような地点——事件がまさに起こるその地点（〈ただなか〉）から、そこで「起こる」ことを表現するのである。「再帰する」のは本質的に新しいもの、つまり事件であって、すでに人称化された主体からとらえられた行為ではない。感情表現が、多く再帰動詞で表される理由もまたそこにある。たとえば Je me suis ému. は、私が私を感動させたのではない。私は心を動かされた、いな私に感動が起こったことを表すのである。

話をここでスピノザの〈自己原因〉という概念に移そう。原因、あるいは原因／結果という概念は、たんに他動詞の能動／受動の分割の局面ばかりではなく、すべての動詞の現在分詞／過去分詞の分割でもはたらいているのをみればわかるように、まさにすべての事件理解の鋳型ともいうべき概念である。この概念をスピノザは、しかもまさに事件の語法ともいうべき再帰動詞的なかたちで（〈自己〉原因）、『エチカ』の冒頭に立てる。これは、すべての事件をまさにその事件性において、事件の現場からとらえることの宣言でなくて何であろう。その意味をしっかり確認するために、ここでもう一度さきの(2) 動詞〈起こる〉と能動／受動のモデルに戻って考えてみよう。

第Ⅰステージ「結果が起こる」から、第Ⅱステージ「結果は起こされた」にかけて、ことばのうえでは同じ「結果」という語を用いて事態を表現することができるが、第Ⅰステージのそれ（これを結果（Ⅰ）とする）はどこまでも自己定立的で、能動／受動両方のモメント、さらにはその分割まで「再帰動詞的に」含んでいるのに対して、第Ⅱステージのそれ（これを結果（Ⅱ）とする）は、すでに分割が起こり、能動のモメントを失ってしまった受動者の相でとらえられた「結果」であることに注意しよう。能動のモメントは、この結果（Ⅱ）が必然的に要請する他者、すなわち能動者としての原因に引き取られるのである。第Ⅲステージでは、こうして遡及的に立てられた能動者の視点から結果（Ⅱ）へ還帰するかたちで事件の（再）把握がおこなわれる。結果（Ⅱ）からその手前へ超え出て、能動者のポイントからそこへ折り返すこの回路を「超越のループ」と呼ぶこともできるだろう。私たちが動詞（あるいは事件）を人称化する過程で、つねにすでに発動させているのはこのループであり、このループが私たちの「世界」の自明化のサイクルを支えているのである。

たとえば私たちは、日常ほとんどつねに自身の行動（動詞）を、心や目的・意味といった観念を軸（能動者）にすでにループとしてとらえ（なおし）ており、その現場に立ちながら、もはやすでにその現場に立ってはいない。私たちはつねにすでにその現場を過ぎ越し、手前から（あるいは「目的因」のかたちをとれば向こう側から）これに立ち返っているのである。第Ⅰステージから第Ⅲステージへのこの転換が完成されればされるほど動詞性（事件の事件性）は消え、自明化がすすむことに注意しよう。ふだん歩いているときは、ほとんど歩いていることすら私たちの意識から消えている。歩くこと自身がすでにひとつの事件であることを私たちが知るのは、たとえばけがをして歩けなくなるといった事件に遭遇してこのループを切断されてしまったとき、あるいは癒えて再び歩けるようになって、私たちがそれ自身はけっして自明ではないこの歩くことの事件性に向きあわされるときであろう。

原因という概念は、日常生活においても、形而上学においても、私たちの「世界」を根本から支えるいっさいのそうしたループの産出のいわば原点にある概念である。スピノザの〈自己原因〉は、こともあろうにその真ん中に爆弾を仕掛け、ループを切断して私たちを事件の現場にひらきなおしてしまう。〈自己原因〉は、原因―結果、能動―受動の関係を消滅させたり、あいまいにしてしまうのではない。話はまったく逆である。私たちが自明化のサイクルを回し、「心」や「目的」や「神」から折り返してつねにすでに過ぎ越してしまっている当の原因／結果、能動／受動の現場そのものに、私たちを立ち戻らせる力をもつのである。そこから帰結するどこまでも内在的・再帰的にとらえられた「原因からの」この必然性の理解が、私たちから自由を奪うようにみえるのは、あくまでも私たちが自由（能動性）をその現場を超越した能動者にもとめるかぎりのことでしかない。スピノザの〈自由〉は、それ自身の原因に従い、自己の本性の必然性に従って活動する自己展開（再帰動詞）の自由なのである。

スピノザにおいて一個一個の身体や心が（主体や実体ではなしに）〈様態〉としてとらえられることの深い意味もまたここにある。原理としての思弁的な〈実体〉にすべてが還元されてしまうのではない。反対に、これによって私たちは身体や心の事件の現場に立ち返らされるのである。身体の現場で起きていること（触発＝変様）を、徹底的に内在的・再帰的にとらえるならば、私たちはその現場を超えたところ（心）からこれに折り返すことはできない。逆もまた然り。心身並行論である。〈能産的／所産的自然〉という概念、これも、私たちが自明なものとして過ぎ越している自然を、能産的かつ所産的な、まさに（再帰）動詞としての自然の現場に、自然の自己産出性に私たちを連れ戻すものである。〈事件〉そのものの、と同時にその〈事件〉の理解の、こうした内在的・再帰的展開を支えているもの、これがスピノザの〈属性〉という概念であろう。これは、〈実体〉がそこにみずからまたおのずから表現をみ、〈本質〉がそれによって表現される、まさにその表現（動詞・事件）そのものを表しているからである。「である」ことが、自明性——属詞の強化にはたらくのではなく、ひとつひとつ事件として実験として現れてくるような世界を、それは私たちにひらいてみせる。スピノザにおいて、動詞〈ある〉は再帰動詞となるのである。

実体の再帰的把握と密接に結びついた「無限性」（閉じた無限）の問題、また属性や様態の再帰的=内在的理解の基盤にある「共通性」（属性の一義性、共通概念）の問題等、まだまだ語るべき問題は尽きないが、すでに紙幅も大幅に超過してしまった。読者には、本書の第四章をそうした問題を考えるための手段として利用されることを望みたい。この概念集は、早わかりする（自明化のサイクルを回す）ためのいわゆる哲学史的・解説的な用語集とはおよそ無縁であり、すべての概念（問題）は、筆者の理解によれば、まさにこの内在の場、〈ただなか〉（第六章）、実践の現場、事件の現場に向かってひらかれているからである。

ドゥルーズと私たち。ドゥルーズ自身にならっていえば、これはさまざまな意味をもちうるだろうが、なかんずくドゥルーズの〈ただなか〉における私たちという意味をもっている。私たちはドゥルーズにレッテルを貼ったり、彼を「哲学史」のなかに回収することはできない。できるかもしれないが、それは彼の思想の事件性そのものを失わせることにほかなるまい。私たちはドゥルーズとともに行くことしかできないのである。

本訳書の初版が出たのは一九九四年三月。さいわい世に迎えられて同年六月には三刷をかぞえ、その折に小さなミスやエラーは洗い出して補正することもできた。ところがそれからはるかに経ってから、あろうことか、第四章（概念集）の中の一項目がまるごと抜け落ちていることに訳者は気がついた。読者の方々には、不注意を深く詫びるとともに、七刷を機に「補遺」のかたちでそれを補うことをお許しいただきたい（本ライブラリー版では元に戻した）。

最後にもうひとこと。初版の「訳者あとがき」で私は、スピノザとドゥルーズのあいだに〈事件（出来事）〉という補助線を引いた。スピノザも、この本ではドゥルーズもこのことばを使っているわけではない。しかし「スピノザにとって生は、観念でも理論でもなく、ひとつの（……）様態なのだ」（本ライブラリー版二九頁）という、この「様態」の切り口はそれなしには見えてこないだろう（このあとがきの延長で書いた拙文『の変様、の観念――スピノザの内態の論理』〔一九九六年一一月『現代思想』スピノザ特集号〕をあわせて読まれたい〔本書巻末に所収〕）。九四年一一月には、ズーラビクヴィリの『ドゥルーズ――事件の哲学』という秀逸なドゥルーズ論も現れた（すでに邦訳も出ている〔邦題『ドゥルーズ・ひとつの出来事の哲学』小沢秋広訳、一九九七年、河出書房新社〕）。

この本の著者ジル・ドゥルーズは、一九九五年一一月四日に亡くなった。衝撃的なその自殺の訃報があらためて私たちの日常を切り裂いてから、早くも二年。事件の傷はまだふさがっていない。たぶん永遠にふさがることはないだろう。*Eventum tantum.* Qu'est-ce qu'*un* événement?

鈴木雅大

一九九七年一〇月

## 平凡社ライブラリー版　訳者あとがき

哲学をするということがどういうことであるかを、そして、哲学者が哲学者ならざる者になるということがどういうことであるかを、身をもって私たちに教えてくれたこの小さな実践の書が、このほど版をあらため、万人——これが差し向けられたほんとうの読者——の手に取りやすい、ペイパーバックのかたちでここに再刊されることを喜びたい。

ドゥルーズは本書の後で、最後にもういちど『エチカ』について、洞察に満ちた素晴らしい文章を書いている（最後の著作となった『臨床と批評』（一九九三年）の、最後に収められている「スピノザと三つの『エチカ』」）。さいわいその邦訳も、本ライブラリー版と相前後して刊行が予定されており、読者はあわせてそちらも読まれるとよいと思う。

二〇〇二年六月　　　　鈴木雅大

# の変様、の観念――スピノザの内態の論理[*1]

鈴木雅大

たとえばあなたと私の二人が正対して床に仰向けになり、双方の足の裏と裏を空中で合わせる姿勢をとるとしましょう。二人の間隔は、両足の接点がはずれない範囲でたがいに自由に脚を動かせる距離を保つものとします。さてその姿勢から、リンクしたまま二人で脚を、自由に、動くように動かしてみましょう。するとどういうことが起こるか。ふだん私たちは自分の意思で自分の体を動かしていると思っていますから、はじめはまずそれにたいする一種の抵抗点として相手の足は私たちの前に現れ、しばらくはこの前線における交渉、攻防が、するどく能動としてあるいは受動として私たちに意識される状態が続くことでしょう。私たちは作為にかたむくこともあれば、受けにまわることもあり、場合によってはそうしたやりとりを「コミュニケーション」として楽しんで持続しようとすることだってあるかもしれません。しかし、実際にこの実験をやってみればおわかりになるように（とりあえずここでは思考実験に訴えて話をすすめるほかないわけですが）、けっしてこの状態は長続きしません。そのうちふと気がつくと、いつのまにか、私たちはもうどちらが動かしているのでも動かされているのでもなく、一体となってただ動いている自分（たち）を見いだす瞬間が必ずやってきます。そのときの驚き、不思議さをあなたに共有していただけるでしょうか。ついいましがたまで私たちは側に分かれ、プロセスの外から――その手前の「私」、その向こう側の「あなた」から――二人のあいだのこのプロセスに立ち返るかたちで事態をとらえていたというのに、一転していまや私たちはプロセスそのものの内に立ち、そのただなかから反対に自分（たち）に起きている事態をとらえているのです。能動・受動の二分法はこの転回のダイナミズムを評価するのに充分なものとは思えません。能動か受動かというなら、第二の段階はそのどちらでもない、あるいはそのどちらでもあるというほかはないからです。それはある意味では「受動」でしょう。もはや私が起点となってプロセスを始動しそれを宰領、統括しているのではありません。しかしまた別の意味では、つねに私たちが自分から折り返してそれをとらえなおす以前にすでにプロセスは進行しており、その逆ではないのですから、プロセス自身を主語に考えれば、それがおのずから展開をみ形成をとげる第二の段階こそが、本来の意味での「能動」であり、私たちがそれを乗っ取って、たえずそれを自分からの、あるいは相手からの動きとして再構成しようとする第一の段階は、むしろそのほうが反-動的 (ré-actif) であるということもできるでしょう。

私はここで、能動・受動（actif/passif）に代えて、外態・内態（diathèse externe/diathèse interne）という概念を使おうと思います。「能動・受動」も本来は文法に由来する概念ですが、みかけの一般性にもかかわらず文法学上もじつは問題の多い概念で、「外態・内態」は、言語学者E・バンヴェニストが、これに代えて動詞のプロセスとその動詞の主辞とのあいだの位相関係をもっと的確に表す文法概念として提唱したものです。簡単にいえば、主辞の表す動作主体がそのプロセスの外部に立ち、プロセスがこの「主辞に発して主辞の外でおこなわれる」かたちでとらえられる場合を外態といい、反対に主辞の表す動作主体がそのプロセス自身の内部に立ち、「主辞（sujet）がそのプロセスの〔主体 sujet であるというよりむしろ〕主座（siège）であるような」かたちでそのプロセスがとらえられる場合を内態といいます。[*2] この観点からすれば、さきほどの私たちの実験の第一段階の「能動」（「動かす」プロセス）は外態における能動、第二段階の「能動」（「動く」プロセス）は内態における能動であることが、ただちに見てとれるでしょう。このとき私たちが経験するのは、まさに外態から内態への転回なのです。

ところでこの転回の経験は、不思議ではありますが、けっして神秘的なものでも、特殊なもの、非日常的なものでもありません。たとえばあなたのこの思考実験の相手を、私ではなく自転車に、あるいは海の水に置き換えてみてください。あなたはいまでは、自分が自転車に乗る、海を泳ぐ――自分がそのプロセスを支配しコントロールしている――と思っていますが、あなたが自転車や海の水を相手にそれをおこなうことができるようになった過程をふりかえってみれば明白なように、じつはこのプロセスも、あなたが自転車と一体となり海の水と一つのリズムになる内態への転回があって、はじめて成り立っています。いまあなたがそれを自分の自由で（外態の自由）おこなうと思うことができるのは、どこまでもこの転回に基づくプロセスの自在な形成（内態の自由）のうえに立ってあなたが、いまや半ば自身の身体の延長と化した相手と一体のそのプロセスを、ふたたび外態においてとらえなおしているからにすぎません。日本語の「れる・られる」という自発の表現、あるいはそれと同じ発想に立つ（一見二重主語の）「……は……することができる」という表現は、この内態の感触をのこしています。そうやって考えてゆけば、内態は非日常的どころか、たえず習慣化され、無意識化され、自明化される無数のそうした「……できる」ことの集積としての私たちの日常そのもの、身体そのものの根幹をなしているありかたであることが見えてくるのではないでしょうか。ことは身体の自然にかぎりません。第二の自然、社会の形成においても、そこには同じ問題がひそんでいます。文字どおりこれは私たちのあいだ、集団のなかで成立する、本質的に内態において展開をみるプロセスだからであり、単純にそれを「支配（者）」と「被支配（者）」（これは能動・受動モデルの変奏です）といった構図の外態のプロセスに還元することはできないことも同様です。たとえば、（この手紙ではとてもそこまで話をすすめる余裕はたぶんないでしょうから、ここで少し述べておくことにしますが）国家の主権、統治権の基礎をめぐっておこなわれた近世の法制的再考は、社会の形成を内態からとらえなおすところにその力のみなもとを汲んでいます。しかしこの内態への転回から生まれた「社会契約」という思想、これはどうかといえば、そこには微妙に、しかし確実にそれを変形する視点の反転、外態的把握への再転回がふくまれています。社会契約説が、究極においてひとつの神話にとどまるほかないのも、それがプロセスをその外部に立つ起点——あるべき原理——から再構成しようとするものだからでしょう。同じ起源から生まれ、今日も私たちが社会の問題を考えるさいに鋳型としてはたらいている「権利」の論理も、これと同じ構造をもち、同じ力と限界をかかえています。私たちがこの再転回の罠をはずして、スピノザがそうしたように、どこまでもプロセスの現場から、内部からそうした問題を考えつづけようとすれば、私たちは、ホッブズからルソーへとつながるこの法制的思考の枠組を出なければならないでしょう。[*3]

ようやくスピノザの名が出ました。枕としては長すぎるかもしれない外態・内態という話をここまで私が引っ張ってきたのは、スピノザを知れば知るほど私には、彼の思想、方法の核心が、まさにこの内態にすべての問題をひらいて思考しようとする姿勢の徹底にあると思えてきたからです。それは、つねに私たちが自然や社会のプロセスを外態に立ってとらえなおすために設定し、仮構してきたさまざまな概念装置を、ひとつひとつ解体し、私たちをたえずそのプロセスの自己形成の現場に返す力をもっているといっても過言ではないと思います。たとえば、いましがたあげた「権利」の概念。これをめぐるスピノザの思考をホッブズのそれから分かつ最大のポイントは、スピノザにおいてはそれが端的に私たちの現実にもつ力——「もつべき」力（これは反転をふくんでいます）ではなく——と等置されているところにあります。もっと明らかな例として「自由」の概念をあげることもできるでしょう。スピノザの「自由」は、プロセスの外から自由勝手にそれを裁量することのできる自由、「自由意志」の自由ではありません。私たちがみずからの本性の必然性にしたがって自在に活動し、その活動をプロセス自身の内部から、プロセス自身の自発的展開としてとらえることができるようになったとき、味わうことのできる自由なのです。プロセスを外からつかみなおす私たちの通常の自由の理解に、いわばアリバイを提供している「意志」や「知性」の概念が、スピノザにおいては、けっして内態のプロセスを超え出ることなく思惟の一様態としてとらえられていることにも注意すべきでしょう。

この「様態」という概念は、ある意味では、すべてを内態にひらいてプロセス自身からとらえなおすというスピノザの姿勢を、最も端的かつ直截に表現しているものといえるかもしれません。私たちひとりひとりが、ひとつひとつの身体、ひとつひとつの心が、実体でも主体でもなく、ひとつの様態であるというこの主張は、日常私たちが素朴に、あるいは形而上学的に組みあげている「世界」のとらえかたを根本から崩し、これに大きな転回――内態への転回――をせまるものです。私たちは日常ひとつの身体の現場を生き、心の現場を生きて、そのうえに自身の「世界」をつくりあげ、これに立ってものごとを判断し、行動しては、ふたたびこれに返り、これをつくりなおすというパターンをくりかえしています。いいかえれば、実際にはまず私たちの手前に身体や心のプロセス――内態のプロセス――があり、それにもとづいて判断や行動がなされて、ふたたびプロセスに返るということをくりかえしているのですが、私たちはこの判断や行動の過程で、逆にそのプロセスを手前（主体）から、あるいは向こう側（実体もしくは対象・目的）からとらえなおすという位相転換――プロセスの（再）外態化、反転――をそれに施しているために、いわばつねに半位相ずれるかたちでこの自分の「世界」――内態のプロセス――をとらえているわけです。実際には、つねにすでに私たちはプロセスのなかにいて、そこから私たちの判断や行動は生まれているのに、私たちはその事態を、自分がこうする（こうしようと意志する）から、あるいは対象がこうだから、相手がこうするから、こうなるのだというふうに、いったんプロセスを実体や主体に還元し、そこからこれに折り返しているといってもいいでしょう。私たちはひとつの様態であるというスピノザのことばは、私たちが（自身そう思い込んでいるように）プロセスの手前や向こう側にあるのではなく、そのただなかにあることを、あらためて私たちに確認させ、私たちをこの内態のプロセスに返す力をもっているのです。「私たちは、なにかがいいと判断するからそれをもとめるのではない。反対に、それをもとめているからこそ、そのなにかがいいと判断するのである」[*4]という『エチカ』のなかのよく知られた一節は、みごとにそのポイントをついていると思うのですが、どうでしょうか。

　私たちが（実体でも主体でもなく）まずはひとつの様態であるというこの内態的認識は、また（私たちが実体や主体を立てるさいの足場としている）「個体」という概念そのものの切りなおしをせまるものでもあります。たとえばいまここに、通常の語法にしたがって「私」と「あなた」という二個の個体があり、その二個のあいだになんらかの関係のプロセスが形成されるとしましょう。内態の語法に立てば、私とあなたがその関係を形成するというよりは、関係が私とあなたにおいて形成をみるのだといわなければなりません。この関係をとおして、このプロセスの「主座」として、はじめて私という個体もあなたという個体も見いだされるのであり、その逆ではないとすれば、関係こそが個体を定義し、個体が関係を定義するのではないといっても過言ではないでしょう。そこから一般化すれば、プロセスとは独立にまず私という個体があって、それを起点としあるいは終点としてプロセスが展開されるのではなく、反対にプロセスのなかで――無数のプロセスのネットワークをとおして――私という個体は成立をみているのだということになります。「個体」という概念の複雑さは、それがこうしていわば水平方向に無数の内態的プロセスにひらかれているだけでなく、同時にいわば垂直方向の内態的プロセス（私を構成している諸部分間の構成のプロセス、あるいは逆に私自身が部分となって他の諸個体とのあいだで成立をみる、より高次の個体の形成のプロセス）にもひらかれているところにあります。この後者のプロセスにおいても、それを単純に能動・受動、支配・被支配といった外態の構図に還元できないことはいうまでもありません。E・バリバールは、そうした事情を指して『スピノザ――大衆の恐怖』のなかで、『エチカ』が分析の対象としているのは「個体」（実体としての個体）ではない、「個体性」（個体のありよう、ありようとしての個体）であると述べています。『エチカ』が研究しているのは、一見すれば「相対的に自立した、孤立してさえいる一個体（個人）に帰し、これによって担われるプロセス」のようにみえるが、じじつはこの「プロセスそのもの」であり、「個体間を行き交い、それら個々の構成諸部分をとおして形成される情動のネットワーク」なのであると。[*5] バリバールは同じ一節でそれを、「真の視点の転回——反コペルニクス的転回——」と呼んでいます。明らかにこれは、認識の対象とその主体との関係を逆転して、認識主体こそが認識のプロセスを構成することを主張したカントの「コペルニクス的転回」をもじったものですが、（じじつは、カントの批判した当の素朴な立場もふくめて）私たちがたえずおこなっているこの転回——「地球の運動」（プロセス一般）を「太陽」（プロセスの外に立つ主体）からとらえなおす外態への転回——を、再度逆転させて、この私たちをふたたびプロセスそのものに返すスピノザ的転回——内態への転回——を、たくみに形容した表現であるといえるでしょう。

ここで話を、いったんことばの話に戻したいと思います。私たちはここまで内態・外態という文法概念を応用して考えをすすめてきたわけですが、むろんスピノザ自身がこの用語を使ったわけではありません。しかし『神学・政治論』では、聖書ヘブライ語の綿密な分析をとおしてそこに生きるひとびとの思考の文法を明らかにし、晩年には、遺稿として未完の『ヘブライ語文法綱要』も書きのこしているスピノザです。この問題に気がついていなかったとは考えられません。おそらく彼が十分にそれを自覚し、ことばを使ううえでも注意していたと思われる証拠（証拠などというのはおおげさですが）を、以下にいくつかあげてみようと思います。

しかしそのまえに、順序として、準備として、この「内態」という概念についてもういちどお話ししておいたほうがいいでしょう。「内態」という概念は、これまでの能動・受動の二分法では分類をはみ出るためにうまく扱えずにきた「中動態」や「再帰態」の動詞を、積極的に一つの軸として評価しなおすところから生まれました。「中動（態）」というのは、古代ギリシアの文法家たちが自分たちの国語に則して立てた三つの動詞の態のひとつで、「能動（態）」と「受動（態）」の中間的な機能をもっています。「生まれる」「できる」「ついてゆく、動きに従う」といった自発的展開を表す動詞や、一般に自身に起きていること、あるいは自身のためになにかをすることを表す動詞、そして最後に、これは軽視してはならないのは、相互になにかをしあう（たとえば「分かちあう」）ことを表す動詞は、この一群に属します。固有のそうした形態をもたなかったラテン語では、その大部分を、形は受動で意味は能動（自発）的なプロセスを表す「形式所相動詞」と呼ばれる動詞と受動形の表現が引き継ぎましたが、このラテン語から生まれたスペイン語やフランス語、イタリア語では、そしてさかのぼればこのギリシア語やラテン語と系統を同じくするゲルマン系のドイツ語やオランダ語といった近代諸語では、国語によって定義の仕方は異なりますが、ひろく「再帰動詞」あるいは「代名動詞」と呼ばれる一群の動詞が生じて、ふたたびこの領域をカバーする現象が起こっています。この名は、そうした近代諸語の形成の過程で、一般的にすべての動詞がその人称を活用語尾ではなしに主語代名詞で明示する形に変化していったことに対応して、同様に明示化の傾向をたどった目的語の代名詞を、その動詞プロセスが主語自身に帰るものであることを示す「再帰代名詞」のかたちで組み込んだ活用形態がつくりだされたことに由来します。

さて、それでは「証拠」をあげてみましょう。その一は、さきに名をあげた『ヘブライ語綱要』のなかに見いだされます。ヘブライ語の動詞は、ひとつの語根から出発して、この基本形と、その強意・反復形、使役形の能動三態と、それらおのおのにたいする受動三態、さらにその中央に「ヒトパエル態」と呼ばれる再帰態の、あわせて七つの「態」をもっています。このヒトパエル態（スピノザは「再帰形」と呼びます）について、これは動詞の表すその行為の為し手（動作主）が「みずからその受け手」ともなり、したがって「能動的であると同時に受動的でもある」ような動詞の形態であるとスピノザは述べています。ここまではまさに中動態や再帰動詞の定義そのものです（ただしスピノザも注意しているようにヘブライ語では「再帰代名詞」をともなうわけではありません）。しかし、例をあげて解説したあと、スピノザはもう一度定義に帰ってこう述べています。再帰形は「行為がその行為の為し手（自身）、つまり内在的原因に帰するような、そうした行為を表す」種類の動詞であると。[*6] この「内在的原因」ということばに注目しましょう。スピノザは『エチカ』で、彼のいう神が徹底して自然というプロセスそのものの内部に立ち「内態的に」活動するものであることを示すのに、まさにこの表現を使っているのです。[*7]

そもそもこの「原因」、あるいはもっと正確にいえばスピノザもその意味で用いている「結果を生むものとしての原因」（作用因、作出因）という概念は、能動・受動概念をはじめとする外態的なプロセス理解の核心をなしているものであり、「他」あるいは「外」のモメントをそこに含んでいます。だから、たとえばトマス・アクィナスは「なにものも自己自身の作出因であることはできない」（原因は結果に先立つものであり、したがってもし自己の原因であるようなものがあるとすれば、それは自己自身に先立って存在しなければならないが、これは不可能である）[*8] と述べたのでした。そこでは、最終的にそのプロセスの外（＝始点あるいは終点）に立つ他者としての神が「第一作出因」として要請されるのです。ところがスピノザは、こともあろうに冒頭にこの「自己原因」を立てて『エチカ』を開始します。スピノザがこの自己原因をもって定義している「実体」という概念は、存在論的には主体として、認識論的には客体の重心として、一般には私たちの外態的プロセス理解にプロセスの端点を与える（コペルニクス的）転回の核、足場として機能してきたものですが、スピノザは、この「自己」の一語をもって「原因―結果」の動詞的プロセスを彼のいう「再帰形」に転換し、私たちを再度――「二重に伝統を逆転」[*9]して――プロセスの現場に帰そうとしているのだ、と私は考えるのですが、どうでしょうか。なんの前提もなしに（常識だけをもって）『エチカ』を読みはじめれば、その異様さに気づかないほうがおかしい、常識を揺り動かし「二重に逆転」するだけの力をそなえた、この冒頭の定義は、文字どおりいっさいを内態において、内態からとらえようとする彼の「反コペルニクス的転回」の宣言にほかならなかったことを、読みすすめばすすむほど、私たちは気づかされずにおかないからです。

以下は要点のみを略記します。

①「の変様」――スピノザが「内態」を明確に意識してことばを用いていたと思われる直

接的な「証拠」その二は、『エチカ』で頻出する主辞（S）＋afficitur＋奪格（A）という表現をめぐる。たとえば第二部定理九「現実に存在する個物の観念は、無限であるかぎりの神を原因とするのではなく、現実に存在する他の個物の観念に（A）afficitur したかぎりの神（S）を原因とする」。

afficitur は動詞 afficere の受動相であり、奪格はこのパターンでは動作主を表す定形表現だから、字義どおりの狭い意味での「受動」表現としてこれを読めば、「神は個物の観念によって afficere される」といっていることになる。しかしスピノザの神あるいは実体は、他からはたらきを受けることはありえないから、ここは神が（主体ないし客体のどちらかであるのではなしに）「主座」となって、そこに「自己触発的に」afficitur であらわされるプロセスが起きているとしか読めない（岩波文庫畠中訳『エチカ』のこの箇所に付された詳細な註を参照のこと。「afficitur した」を畠中は「変状した」、工藤は「変様化した」と訳している）。

このプロセスを名詞的におさえれば「神あるいは実体の変様」となることに注意しよう。これがスピノザの「様態」という概念であり、そこにはこの内態的展開のダイナミクスがたたみこまれているのであり、けっして「実体」の下位に従属しているのではない。

②右の受動表現は、『エチカ』の核心をなす受動的感情（情動）論においても、そのままのかたちで（奪格部分に感情の名が来る）頻出している。それどころかこの affectus という過去分詞を名詞化したものが、まさに「情動」なのである。すぐれて内態的なこの情動というプロセスの理解においても、スピノザがけっしてそれを外態的構図に還元しないことに注意しなくてはならない。デカルトの『情念論』のように精神‐身体間に能動・受動モデルを持ち込んだりはしないのだ（心身並行論）。

スピノザが、フロイトにはるかに先んじて「無意識」を発見し、タルドにはるかに先んじて「情動的模倣」のメカニズムを洞察しえた深い理由も、この内態的理解の徹底にある。

③「かの観念」——「変様」が存在の次元での内態的プロセスであるとすれば、認識の次元でそれをになうもの、これが「観念」という概念であろう。

日常、私たちはこのことばを「何かの」観念、あるいは「誰かの（もつ）」観念というかたちで、これをその客体（何か）や主体（誰か）に還元してすましているが、実際には、観念は、この両者のあいだで生まれるすぐれて内態的な事件なのである。同時に主観的にも客観的にもみえ、社会的にも個人的にもみえる、この「観念」という概念のもつ複雑な身分もそこに由来する。

観念の内態性は、まさに imaginari[10] という「形式所相動詞」によって表現される表象像の次元（第一種の認識）でだけいえるのではない。この内態性は、共通概念の形成（第二種の認識）においても、本質からの理解（第三種の認識）においても、そのすべての段階においてつらぬかれている。あるいはむしろ、内態に徹するスピノザの「観念の冒険」こそが、こうした「三種の認識」という概念を生んだのだというべきかもしれない。

たとえば「私たちの観念」をとりあげてみよう。この一つの表現に三種の認識のすべての段階が含まれている。

まずそれは、通常の語法では私たちがもつ、あるいは私たちに何かが引き起こす観念を意味する（第一種の認識）。次いでそれは、私たちとその何かとのあいだで、あるいは私たち自身のあいだで共有される観念を意味する（第二種の認識）。最後にそれは、私たち自身の本質の（と同時にその何かの本質の）観念、すなわち神の観念における私たち自身の（そしてその何かの）観念を意味する（第三種の認識）。

文字どおりの「受動」（第一種）から出発し、「……しあう（再帰形の相互的用法）」（第二種）を経て、「自己原因的理解」（第三種）にまで到ること。これこそが、スピノザの内態の論理、観念の冒険であり、この最後のものに彼は、真の「能動」の名を与えるのである。

## 注

＊1――「内態のロジック（一友人への手紙）（『スピノザ協会会報』一九九五年二月、第一五号所収）を改題し、これに若干の加筆・修正を施した。

＊2――E・バンヴェニスト（河村正夫訳）「動詞の能動態と中動態」（みすず書房『一般言語学の諸問題』所収）一六九頁、一七二頁。

＊3――G・ドゥルーズ（浅田彰訳）「ネグリ『野生のアノマリー』への序文」（『現代思想』一九八三年一一月号所収）を参照。

＊4――『エチカ』第三部定理九備考。

＊5――E・バリバール（水嶋一憲訳）「スピノザ――大衆の恐怖」（『現代思想』一九八七年九月号所収）一六四―一六五頁。

＊6――『ヘブライ語文法綱要』仏訳（*Abrégé de grammaire hébraïque*, traduit par Joël et Jocelyne Askénazi, Vrin, 1968）pp. 129-130. 強調は筆者。

＊7——『エチカ』第一部定理一八「神はあらゆるものの内在的原因であって超越的原因ではない」。

＊8——トマス・アクィナス『神学大全』第一部第二問第三項（山田晶訳、中央公論社『世界の名著』続5、一三二頁）。

＊9——G・ドゥルーズ『スピノザ——実践の哲学』（拙訳、平凡社）一〇三頁（本ライブラリー版では一一三頁）。あわせて「訳者あとがき」を参照されたい。

＊10——『エチカ』第二部定理一七備考「〔他の物体や身体との出会いから生じる〕人間身体の変様——この変様の観念によって外部の体は私たちに現前するものとして思い浮かべられるわけだが——（……）これを私たちはものの表象像 imago と呼ぼう。そしてこのような仕方で精神が物体や身体を観想するとき、私たちは精神が想像する imaginari というだろう」（傍点は筆者）。

## 付：平面《プラン》ということば——読者からの質問に答えて

鈴木雅大

本書『スピノザ』二四六頁六行目の「内在の平面《プラン》、結構の平面《プラン》」という訳文は、直前に「経度と緯度」ともあるので、「内在の地図、結構の地図」とするほうがよいのではないか、という読者の方から寄せられた質問にお答えします。

まずは、平面《プラン》という、ルビを振ったこの訳語そのものが、微妙な揺れ、あるいはブレを含んだ苦肉の策であることから始めるのがよいでしょう。翻訳におけるルビは、多くの場合、所詮は訳者の弁解や逃げでしかありません。そう心得て、覚悟してこれを極力避けることをわたしはひとにも説き、みずからにも課してきたのでした。

しかし、ここでは（この第六章全体をとおして）この平面《プラン》ということばがキーワードになっており、これをどう理解するかに、《スピノザ主義（＝スピノザ的な思考のあり方・もののとらえ方）》の理解がかかっていることが、くりかえし説かれています。すっと滑らかにわかるような訳語に丸めずに、あえてここもぶさいくを承知でわたしがそう訳したのは、そこにひっかかって一瞬立ち止まってほしかったから、簡単にはわかってしまってほしくなかったからでした。

この章では、すでに冒頭からこの語が鍵であることが告げられています。

この内在の平面《プラン》、結構の平面《プラン》は、心のうちに抱かれる意図や企画、プログラムという意味でのプランではない。それはむしろ、幾何学でいう〔全構成次元にわたる〕切断面、交面であり、ダイヤグラムなのだ。

（二三六―三七頁）

ドゥルーズがこう切り出しているのは、第一にはまず、たとえば英語なら"plane"（平面）と"plan"（プラン）という、同根ではあっても別の二語を使い分けてとらえられているものが、フランス語では"plan"という一語でつかまえられているからです。

そこで、通常はどの辞典でもこのフランス語の"plan"は、plan¹とplan²のように、二つの項目を立て、意味のちがう二語として記述されています。たとえば、たまたまいま手元にある『Le Dico』（白水社）から引けば、

plan¹：①平面、面、②（絵画・映画・舞台などの）…景、③（映画・写真の）ショット

plan$^2$：①図面、設計図、見取り図、②(一地方全体の) 地図、(交通の) 案内図、③計画、プラン、④(作品などの) 構想、草案、筋書

というように、分離され、交通整理をされて記されています。

ドゥルーズのいう「心のうちに抱かれる意図や企画、プログラムという意味でのプラン」は、このplan$^2$であり、彼のいう「むしろ、幾何学でいう(全構成次元にわたる)切断面、交面であり、ダイヤグラム〔という意味でのプラン〕」がplan$^1$を指していることは明らかでしょう。では、彼はここで、フランス語ではこの二つが一語であることに訴えて「ことばの遊び」から話を起こそうとしているのか？

そうではない、とわたしは思います。さきほど引いたplan$^1$とplan$^2$をもういちど眺めてください。試みに「構図」という操作概念をあいだに立てれば、この二語のつながりとちがいが見えてきましょう。plan$^1$はどの語義も、それを構成する要素たちみずからが織り成す「構図」を表しており、plan$^2$の語義は、その構成を見込む観点からとらえられた「構図」を表しています。たとえば、ある集団の成員の成り立ちを指す場合にも、チームの結成を指す場合にも、「編成」や「組織」という同じ一語が使われるように、日本語や英語で「平面 plane」(plan$^1$) と「プラン・計画 plan」(plan$^2$) にはっきりとスプリットしてしまうもの

が、フランス語では同じ plan の一語でつかまれている理由も、そう考えればたどることができるのではないでしょうか。

ドゥルーズは述べています。

「プラン」ということばないし観念には、たとえ両者が混じりあい、また私たちが気づかぬうちにその一方から他方へ移っていることがあるにしても、はっきりと対立した二つの考え方がある。その契機が隠れている場合も含めて、何らかの超越的契機に結びついている上からの組織化はすべて、神学的プランと呼ばれてよい。〔中略〕すべての形態や主体を取りしきっている超越的なプランであり、それ自身は隠れたまま、けっして所与となって現れてこないプラン、〔中略〕こうしたプランはつねにもうひとつの次元を余分に用意している。〔中略〕

これとは逆に、内在的プランは補足的なひとつの次元など備えていない。構成、複合のプロセスは、どこまでもそれ自体として、その所与をとおして、所与のなかでとらえられなければならないからだ。それは組織化のプランでも発展的展開のプランでもなく、構成の平面《プラン》なのである。〔中略〕ここにはもうものの形はない。形をなしていない物質〔素材〕の微細な微粒子群のあいだに成りたつ速度の複合関係があるだけだ。ここにはもう主体はない。無名の力がとる、個体を構成する情動状態があるだけだ。
（二四六―四七頁）

ここにいう「超越的なプラン」「組織化のプラン」が上記の plan² に、「内在的プラン」「構成の平面《プラン》」が plan¹ に対応していることは明らかでしょう。ドゥルーズは、二つの義に分かれてゆくフランス語の plan ということばをその根っこからつかみなおすことによって、徹底して内在的な、スピノザ的な世界把握のしかたと、そこに超越を組み込まずにはおかない、他の通常の世界把握のしかたとの、ちがいと混同とを腑分けしてみせようとしているのです。

＊　＊　＊　＊

彼がガタリと二人で「概念」として創出し、練り上げた“multiplicité”（「多様体」）や“agencement《アジャンスマン》”（「アレンジメント」）、“plan de consistance”（「存立平面」）といった一連の術語も、すべてはこの「内在の平面《プラン》」から生まれていることを、ここで知っておくのはむだではないでしょう。

①“multiplicité”（「多様体」）：これは、数学者リーマンが「$n$次元空間」の数学的構造を表すのに用いた概念を拡張したものですが、ドゥルーズの思考のなかでは、スピノザが『政治論』で用いた“multitudo”の概念も響いているかもしれません。これはホッブズたちの「臣民」や「市民」のように、すでに形態や主体の色を帯びて切り抜かれた構成要素から社会をとらえるのではなしに、顔かたちのない、うぞうむぞうの「多数者」というほかはない、集合体の位相から社会をとらえようとするものだからです。

②“agencement《アジャンスマン》”（「アレンジメント」）：これは、多様な要素が組み合わさってとる配置のあり方を表す、ごく日常的なことばをそのまま術語化したものです。たとえば不動産屋さんの店先でお目にかかるagencementというのは、部屋の間取りのことです。本書『スピノザ』では多用されていませんが、わたしはこの語に（英訳から採用された）「アレンジメント」の訳を充てませんでした。これだと「アレンジすること」という、plan²のニュアンスが前に出てしまう気がしたからです。

この自然の内在的プランの上では、どんなものも、それを構成するもろもろの運動、もろもろの情動の組み合い《アジャンスマン》によって規定されるのであり、この組み合いが人工的か自然的かは問題にならない以上、人為的工夫もまた完全にこの自然の一部をなしているから

だ。　　　　　　　　　　　　　　　　　　（二四〇頁）

③ "plan de consistance"（「存立平面」——わたしは「結構の平面《プラン》」と訳しています）：consistance というのは、構成要素の「稠密さ」からとらえられた、ものの「堅固さ」「確固としたあり方」のことです。固体であればその堅さ、液体であればその粘りけ、人物や噂話ならその確かさを、このことばは表します。数理論理学や数学基礎論でこれが（公理系の）「無矛盾性」を表す術語として使われたのも、適切な公理・公準（構成要素）を選べば、そこからは自己矛盾する命題が生まれないようなかたちで（自律的にその確かさ・首尾一貫性を保証しうる）系を組み立てることができるという、ユークリッド以来ずっと数学が、数学内在的に抱いてきた信念を、それが体現していたからでしょう。

　造語して「共立」という訳語さえ与えられそうな、ものごとを徹底してその内在的な視点からとらえるこの consistance ということばをドゥルーズ（たち）は発見して、それをキーワードのひとつにまで引っ張り上げた。その過程で、するどくこれに呼応して再考されたのが、この plan という語ではなかったかと、わたしは考えています。

*　*　*　*　*

すこし遠回りしてしまいましたが、以上を踏まえて、ご指摘の箇所をふくむ一節をもういちど、ていねいに読み返してみてください。

要するに、私たちは、スピノジストならば、なにかをその形やもろもろの器官、機能から規定したり、それを実体や主体として規定したりしないということだ。中世自然学の、または地理学の用語をかりていえば、経度（longitude）と緯度（latitude）とによって規定するのである。どんな体でもいい、一個の動物でも音響の体でも、ひとつの心や観念でも、言語学の資料体でも、ひとつの社会体でも集団でもいい。私たちは、ひとつの体を構成している微粒子群のあいだに成り立つ速さと遅さ、運動と静止の複合関係の総体を、その体の〈経度〉と呼ぶ。ここにいう微粒子（群）は、この見地からして、それら自身は形をもたない要素（群）である。私たちはまた、各時点においてひとつの体を満たす情動の総体を、その体の〈緯度〉と呼ぶ。いいかえればそれは、〔主体化されない〕無名の力（存在力、触発＝変様能力）がとる強度状態の総体のことである。こうして私たちはひとつの体の地図をつくりあげる。このような経度と緯度の総体をもって、自然というこの内在の平面《プラン》、結構の平面《プラン》は、たえず変化しつつ、たえずさまざまの個体や集団によって組み直され再構成されながら、かたちづくられているのだ。

（二四五―四六頁）

ここの「平面《プラン》」という語を「地図」に置き換えるのは無理があることを、わかっていただけるのではないかと思います。その手前の文中にある、「ひとつの体の地図」という訳文の原文は“la cartographie d'un corps”です。“cartographie”は、地図（carte）の作成・製図、その作図方法のことです。ちなみに通常の地理学的な意味での「経度」や「緯度」が書き込まれた（たとえばメルカトル図法 la projection de Mercator で描かれた）〝地図〟を表すフランス語はこの“carte”であり、“plan”は用いられません。“plan”のほうは“plan de Paris”（パリ全図・市街図）や“plan du métro”（地下鉄案内図・路線図）のように、なんらかの用途があってその目的のために機能する図面、という（まさに plan$^{2}$ の）意味合いでの地図を表す場合に使われるのではないかと思います。

＊　＊　＊　＊　＊

わたしからの回答は以上です。お問い合わせの“plan”ということばには、ドゥルーズ（によるスピノザ）の理解の全重心がかかっているので、ていねいに説明することを心がけました。よいご質問をいただいたことに感謝します。

第7刷（二〇一四年五月）追補

＊23 *Pourparlers*, Minuit（宮林寛訳、1992年、河出書房新社）
＊24 *Qu'est-ce que la philosophie?*, Minuit（財津理訳、1997年、河出書房新社）
＊25 *L'Epuisé*, Minuit（宇野邦一訳、1994年、白水社）
＊26 *Critique et clinique*, Minuit（宇中高明ほか訳、河出書房新社近刊）

国文社）
＊3 *La Philosophie critique de Kant*, PUF（中島盛夫訳、1984年、法政大学出版局）
＊4 *Marcel Proust et les signes*, PUF（宇波彰訳、1974年、法政大学出版局）
＊5 *Nietzsche*, PUF（湯浅博雄訳、1985年、朝日出版社）
＊6 *Le Bergsonisme*, PUF（宇波彰訳、1974年、法政大学出版局）
＊7 *Présentation de Sacher-Masoch*, Minuit（蓮實重彦訳、1973年、晶文社）
＊8 *Différence et répétition*, PUF（財津理訳、1992年、河出書房新社）
＊9 *Spinoza, et le problème de l'expression*, Minuit（工藤喜作・小柴康子・小谷晴勇訳、1991年、法政大学出版局）
＊10 *Logique du sens*, Minuit（岡田弘・宇波彰訳、1987年、法政大学出版局）
＊11 *L'Anti-Œdipe*, Minuit（市倉宏祐訳、1986年、河出書房新社）
＊12 *Kafka—Pour une littérature mineure*, Minuit（宇波彰・岩田行一訳、1978年、法政大学出版局）
＊13 *Dialogues*, Flammarion（田村毅訳、1980年、大修館書店、[邦題『ドゥルーズの思想』]）
＊14 *Superpositions*, Minuit（江口修訳、1996年、法政大学出版局）
＊15 *Mille Plateaux*, Minuit（宇野邦一ほか訳、1994年、河出書房新社）
＊16 *Spinoza, philosophie pratique*, Minuit（鈴木雅大訳、1994年、平凡社）
＊17 *Francis Bacon—Logique de la sensation*, La Différence
＊18 *Cinéma 1. L'image-mouvement*, Minuit
＊19 *Cinéma 2. L'image-temps*, Minuit
＊20 *Foucault*, Minuit（宇野邦一訳、1987年、河出書房新社）
＊21 *Le Pli—Leibniz et le baroque*, Minuit（宇野邦一訳、1998年、河出書房新社）
＊22 *Périclès et Verdi*, Minuit（丹生谷貴志訳、1994年、河出書房新社、『ドゥルーズ横断』所収）

よるフランス語版ニーチェ全集の刊行開始。

1968年　五月革命。国家博士論文『**差異と反復***8』、副論文『**スピノザと表現の問題***9』を提出、刊行。

1969年　『**意味の論理学***10』を刊行。パリ第8大学（ヴァンセンヌ校）の教授となる。フェリックス・ガタリと出会う。フーコーたちの設立した監獄情報集団（GIP）に加わる。

1972年　ガタリとの共著『**アンチ・オイディプス***11』を刊行。

1975年　ガタリとの共著『**カフカ――マイナー文学のために***12』を刊行。

1976年　ガタリとの共著『**リゾーム**』（＊15に収録）を刊行。

1977年　クレール・パルネとの共著『**対話***13』を刊行。

1979年　カルメロ・ベーネとの共著『**重合***14』を刊行。

1980年　ガタリとの共著『**千のプラトー***15』を刊行。

1981年　『**スピノザ――実践の哲学***16』、『**フランシス・ベーコン――感覚の論理学***17』を刊行。

1983年　『**映画1――運動イメージ***18』を刊行。

1984年　フーコー死去。弔辞で『快楽の活用』の一部を読み上げる。

1985年　『**映画2――時間イメージ***19』を刊行。

1986年　『**フーコー***20』を刊行。

1987年　パリ第8大学を退官。

1988年　『**襞――ライプニッツとバロック***21』、『**ペリクレスとヴェルディ***22』を刊行。

1989年　ベルリンの壁崩壊。

1990年　『**記号と事件***23』を刊行。

1991年　ガタリとの共著『**哲学とは何か***24』を刊行。湾岸戦争。ソヴィエト連邦解体。

1992年　『**消尽したもの***25』を刊行。肺の病が悪化し、手術後は人工肺を手放せなくなる。ガタリ急死。ベイコン死去。

1993年　『**批評と臨床***26』を刊行。

1995年　11月4日、パリの自宅から投身自殺をとげる。

＊1　*Empirisme et subjectivité*, PUF（木田元・財津理訳、1980年、河出書房新社）

＊2　*Nietzsche et la philosophie*, PUF（足立和浩訳、1974年、

## ジル・ドゥルーズ年譜・書誌

1925年　1月18日パリに、二人兄弟の弟として生まれる。父はエンジニア。(兄はのちにレジスタンス活動で逮捕され、アウシュヴィッツへ護送される列車の車中で死去)。

1944年　8月、パリ解放。45年、ナチス・ドイツ降伏（第2次世界大戦終結)。解放で兵役を免れ、パリ大学ソルボンヌ校で哲学を学ぶ。教授陣にはアルキエ、イポリット、カンギレム、友人にはフランソワ・シャトレ、ミシェル・ビュトール、クロード・ランズマン、ミシェル・トゥルニエがいて、親交を結ぶ。47年、卒業論文としてヒューム論を書く（53年に公刊)。

1948年　哲学の教授資格を得て、リセの教員となる。サルトル（「私たちにはさいわいサルトルがいた。彼が私たちに《外》をひらいてくれた……」*Dialogues*, p.18）が『レ・タン・モデルヌ』誌を創刊したのは45年。ピエール・クロソウスキーが『わが隣人サド』を刊行したのは47年。この48年にはアントナン・アルトーが死去。

1953年　**『経験論と主体性***[1]**』**（47年に書いたヒューム論）が公刊される。

1956年　ファニーと結婚。ハンガリー動乱。

1957年　パリ大学、哲学史科の助手となる。

1960年　国立科学研究センター（CNRS）の研究員となる。

1962年　（8年もの空白期間——「私の一生のなかの空白（……）数ある一生のなかで面白いのは、そこに含まれる、ときには劇的なこともあればそうでないことすらある空白……」*Pourparlers*, p.189 ——を経て）**『ニーチェと哲学***[2]**』**を刊行。この年、ミシェル・フーコーと出会う。フーコーの『狂気の歴史——古典主義時代における』が出たのは61年。アルジェリア独立。

1963年　**『カントの批判哲学***[3]**』**を刊行。

1964年　**『プルーストとシーニュ***[4]**』**を刊行。

1965年　**『ニーチェ***[5]**』**を刊行。

1966年　**『ベルクソンの哲学***[6]**』**を刊行。

1967年　**『マゾッホとサド***[7]**』**を刊行。フーコーとの共同編集に

平凡社ライブラリー　440

スピノザ

実践の哲学

---

発行日…………2002年 8 月10日　初版第 1 刷
2023年 4 月 6 日　初版第11刷

著者……………ジル・ドゥルーズ
訳者……………鈴木雅大
発行者…………下中美都
発行所…………株式会社平凡社
〒101-0051　東京都千代田区神田神保町 3-29
電話　東京(03)3230-6579[編集]
東京(03)3230-6573[営業]
振替　00180-0-29639

印刷・製本 ……中央精版印刷株式会社
装幀……………中垣信夫

ISBN978-4-582-76440-6
NDC分類番号135.2
B6 変型判(16.0cm)　総ページ328

---

平凡社ホームページ https://www.heibonsha.co.jp/

## 平凡社ライブラリー　既刊より